2ᵉ année.   N° 12.   Décembre 1895.

Revue du Commerce

ET DE L'INDUSTRIE

LÉGISLATION COMMERCIALE — RENSEIGNEMENTS COMMERCIAUX

ENSEIGNEMENT TECHNIQUE

PUBLIÉE SOUS LA DIRECTION

DE

M. GEORGES PAULET

CHEF DU BUREAU DE L'ENSEIGNEMENT COMMERCIAL AU MINISTÈRE DU COMMERCE

REVUE MENSUELLE

Abonnement : France, 10 fr. ; — Colonies et Étranger, 11 fr. 50

Berger-Levrault & Cⁱᵉ. Éditeurs

PARIS, 5, RUE DES BEAUX-ARTS

MÊME MAISON A NANCY

SOMMAIRE DE LA LIVRAISON DE DECEMBRE 1895

Le présent numéro contient la ***Table*** des matières de 1895.

La Revue laisse aux auteurs des articles signés la responsabilité de leurs opinions.

Toutes les communications relatives à la rédaction et tous les envois de livres ou documents doivent être adressés au Directeur de la Revue, 5, rue des Beaux-Arts, Paris.

Les abonnements et les communications relatives à l'administration de la Revue doivent être adressés à MM. Berger-Levrault et Cie, éditeurs, 5, rue des Beaux-Arts. Paris.

DE LA

CRÉATION D'UNE JURIDICTION COMMERCIALE D'APPEL

(*Suite* [1].)

Les juridictions commerciales ont donc, suivant nous, conservé toute leur raison d'être ; il y a lieu de les *étendre* plutôt que de les restreindre, et c'est aujourd'hui une nouvelle extension de leur juridiction que nous venons proposer. Cette idée nous a été suggérée par une *étrange anomalie* qui a dû frapper tous ceux qui étudient la procédure. Il faut partir de cette idée, qui est la nôtre, et que le législateur français a adoptée, à savoir qu'il est essentiellement utile que les litiges commerciaux soient jugés par les commerçants, que l'institution des tribunaux de commerce n'a point été faite dans l'intention toute subjective de plaire aux commerçants, mais dans celle objective de procurer une justice meilleure, en même temps que plus prompte et plus économique. Si cela est vrai, la conséquence s'impose. Il faut fermer un instant les Codes de commerce et de procédure, et elle apparaîtra clairement. La juridiction commerciale doit fonctionner en appel aussi bien qu'en première instance. Si elle est bonne au degré inférieur, elle doit l'être au degré supérieur, ou elle est mauvaise partout ; et si la loi positive ne disait pas le contraire, on affirmerait hardiment qu'il y a certainement une *Cour de commerce* au-dessus du *tribunal de commerce*.

Hé bien, c'est tout le contraire qui existe. Il y a bien un tribunal de commerce pour les litiges commerciaux, tribunal composé de commerçants recrutés par l'élection ; mais au second degré de juridiction tout change. Le législateur déclare virtuellement que la justice consulaire est mauvaise, que toutes ses qualités qu'on avait reconnues n'existent plus, qu'elle est entourée des plus grands dangers, et que le magistrat nommé tiendra entre ses mains la décision du juge élu qu'il pourra réduire a néant. Les seules causes minimes, ne dépassant pas 1,500 fr., celles pour lesquelles les parties ont plus de confiance dans la sentence du juge élu que dans celle du juge nommé, échappent à cette loi. Partout ailleurs le tribunal de commerce n'a qu'un rôle provisoire.

Nous n'avons pas à discuter ici le principe de l'appel, ni l'opportunité de

---

[1]. Voir le numéro de *novembre*, page 493.

son plus ou moins d'extension. Mais on conçoit parfaitement que la décision du juge civil soit déférée à l'examen d'un juge civil supérieur et qui est présumé plus savant ou plus expérimenté. On comprendrait aussi que la décision rendue par un juge élu fût déférée en seconde instance à l'examen d'un second juge élu qui par les conditions mises à son élection serait présumé plus éclairé que celui de première instance. Mais ce que l'on ne peut concevoir d'aucune manière, c'est que la décision du juge élu et commerçant soit déférée en seconde instance à un magistrat nommé, non commerçant; que les deux degrés de juridiction ne soient pas homogènes. C'est comme si en arithmétique on multipliait des mètres carrés par des mètres cubes; au point de vue de la logique, et au point de vue de la pratique, c'est mettre en suspicion d'incapacité une juridiction qu'on avait réglementée soi-même.

Cependant les principes logiques doivent dominer et dominent le droit. Les décisions rendues par un jury ne sont pas soumises à l'appel. Pourquoi? Ce n'est pas, comme on l'a dit, parce qu'elles ne sont pas motivées, car la loi aurait pu établir l'obligation de les pourvoir de motifs exprimés. C'est parce que le second jury ne serait pas supérieur au premier et qu'en cas de dissidence des deux décisions, il aurait fallu appeler un troisième jury. Mais ici le principe logique est faussé, il conduisait nécessairement à l'institution d'une *Cour de commerce*.

Une affaire se présente, il importe qu'elle soit vite discutée, à peu de frais, suivant des règles simples : *æquè, gratis, breviter*. En outre, les juges doivent avoir une compétence spéciale, pratiquer eux-mêmes et pour leur compte des affaires complexes, les affaires commerciales, ou des affaires plus complexes encore, celles de comptabilité, ou de finances, ou de banque. Un juge nommé qui sait le droit ne connaît pas ici le fait, ce *substratum* du droit. Tout cela est certain. Mais s'il s'agit d'une affaire importante et qu'elle aille en appel, tout est renversé. Ce n'est plus le commerçant qui connaît le mieux le droit commercial, il paraît que c'est le magistrat civil qui n'a jamais fait, ni jamais vu peut-être d'acte de commerce, et toute la rapidité, l'économie qui avaient été acquises vont disparaître; le magistrat nommé va procéder d'après les règles de très sage lenteur qui lui sont imposées; il va laisser s'accumuler des frais considérables; il jugera, il est vrai, suivant les règles du droit commercial, mais l'esprit encore tout imprégné de celles différentes du droit civil, qu'il applique beaucoup plus souvent. Le juge consulaire n'aura fait, en réalité, que l'instruction de l'affaire. Nous devons reconnaître que cette anomalie si singulière n'existe pas seulement dans notre Code, mais aussi dans la plupart des Codes étrangers. Celui de la Bavière portait, il est vrai, l'instituition d'une Cour consulaire, mais elle a été abolie par le Code allemand.

Quels sont les motifs qu'on fait valoir pour justifier cet état de choses? Il y a les prétextes et un motif véritable. Examinons d'abord les premiers.

Le prétexte le plus important est celui-ci. Les questions qui se présentent au premier abord dans un procès sont des questions de fait, ce sont les plus nombreuses; elles enveloppent une ou deux questions de droit. Pour les premières de ces questions, le tribunal techniquement compétent, celui composé de commerçants, a fait toute l'instruction convenable, il a rendu une décision provisoire motivée; ce qu'il a forcément un peu négligé, ce sont les questions de droit. Lorsque la cause vient en appel, elle a été soigneusement analysée, dépouillée, le droit y est devenu nettement distinct du fait, toutes les constatations matérielles ont eu lieu. Désormais la compétence technique n'est plus nécessaire, son œuvre est épuisée, on peut ne pas y avoir recours. Le magistrat nommé est plus vraiment compétent que l'autre, le travail qu'il n'aurait pu faire lui a été préparé.

Cela est tout à fait inexact; l'analyse des faits transmise par le juge élu au magistrat nommé est une analyse sèche, morte, à laquelle ce dernier ne pourrait redonner la vie, parce qu'il n'a pas eu l'habitude de vivre commercialement. Il jugera sur des pièces inanimées. Si, au contraire, c'était un juge élu supérieur qui connaîtrait de l'appel, sans doute il n'aurait pas assisté à ce premier dépouillement des faits, et à lui aussi on n'aurait transmis que des documents morts, mais par ses habitudes commerciales il pourrait les revivifier, il possède le *réactif* que le *magistrat* d'appel ne possède pas.

Le second prétexte, comme le premier, c'est qu'il s'agit souvent dans des affaires graves de questions de droit; or, pour celles-ci, les magistrats professionnels ont une plus grande compétence. Il est donc utile que ce soient eux qui jugent en appel. Les juges consulaires pourraient reproduire en seconde instance les erreurs juridiques qu'ils ont accueillies d'abord. Si vis-à-vis des juges civils, la Cour d'appel est surtout juge du fait, vis-à-vis de ceux de commerce, elle doit surtout reviser le droit.

Ceci est une erreur entière. La Cour est appelée, tant vis-à-vis des tribunaux civils que vis-à-vis des tribunaux de commerce, à reviser tant le droit que le fait, et comme la statistique l'indique, les erreurs de fait commises par les tribunaux et corrigées par les Cours sont très nombreuses. D'ailleurs la Cour d'appel n'est pas spécialement la Cour du droit; cette fonction spéciale, comme chacun sait, appartient à la Cour de cassation. On comprend très bien que cette dernière ne puisse se composer que de juriscousultes et exclue les commerçants qui ne le sont pas ; mais cela n'est plus exact quand il s'agit de la Cour d'appel qui juge autant en fait qu'en droit.

D'ailleurs, l'ignorance du droit qui est le lot de beaucoup de commerçants, ignorance quelquefois heureuse lorsqu'elle empêche l'excès de formalisme, pourrait être facilement corrigée en appel et même en première instance ; il suffirait d'appeler auprès des commerçants-juges un magistrat de carrière, qui entrerait dans la composition du tribunal, soit comme président, soit comme simple membre avec voix délibérative, ou avec voix consultative, soit un membre du ministère public qui devrait requérir toutes les fois qu'un principe de droit serait en jeu. La même organisation serait répétée en appel, ou bien elle n'aurait lieu que là. De cette manière les erreurs graves de droit seraient évitées, et le juge consulaire serait éclairé par un conseil désintéressé qui rectifierait ce que les plaidoiries des parties peuvent présenter d'insidieux pour un juge qui n'a pas la pratique des discussions juridiques. C'est le système qui a été adopté, comme nous l'avons vu, pour la première instance par l'Italie et l'Allemagne.

Ce n'est pas tout. Les questions de droit prennent en appel une situation secondaire, lorsqu'on se souvient qu'il existe pour elles une juridiction spéciale, celle de la Cour de cassation. En présence de cette hiérarchie, les juges consulaires pourraient aussi bien siéger en deuxième instance qu'en première ; les quelques erreurs de droit qu'ils pourraient commettre ne seraient pas consacrées, elles seraient éliminées avec soin par la Cour suprême. Combien celle-ci n'en relève-t-elle pas d'ailleurs dans les arrêts des Cours de magistrature nommée ? Les recueils de jurisprudence se courbent sous le poids de ces cassations incessantes.

L'objection qui repose sur l'incompétence des juges consulaires au point de vue de la science juridique n'est donc pas sérieuse. D'ailleurs, si elle était vraie, elle prouverait trop, et s'attaquerait à l'existence du tribunal de commerce en première instance. Dans les affaires petites, inférieures à 1,500 fr., les juges consulaires pourraient donc commettre impunément des erreurs de droit, et ils en commettraient beaucoup s'il fallait en croire les adversaires de leur juridiction ; précisément dans ces affaires le danger est bien plus grand, car on ira rarement en cassation pour des causes minimes. Si les commerçants ont trop peu de science du droit pour juger, on doit leur fermer le tribunal de commerce, aussi bien que ne pas leur ouvrir la Cour commerciale.

Le troisième prétexte, c'est que beaucoup d'arrondissements ne possédant pas de tribunal de commerce, mais un tribunal civil jugeant commercialement, il serait *inélégant* de porter l'appel de décisions rendues par des magistrats de profession devant des juges élus, du supérieur à l'inférieur.

A cette objection il y a d'abord plusieurs réponses extrinsèques. On pourrait universaliser l'institution des tribunaux de commerce et en établir un dans chaque arrondissement; si cela était pratiquement difficile, on pourrait rattacher un arrondissement au tribunal de commerce d'un arrondissement voisin. Enfin, pourquoi ne pas laisser l'appel des jugements des tribunaux civils jugeant commercialement se porter à la Cour d'appel civile, tandis que celui rendu par les juges de commerce irait à la Cour de commerce? L'homogénéité des juridictions serait ainsi partout conservée.

Mais on pourrait aussi, et la réponse serait cette fois intrinsèque, porter l'appel du jugement du tribunal civil jugeant commercialement à la Cour consulaire, sans qu'il en résultât rien de choquant. Appel d'un juge supérieur à un juge inférieur, dit-on. En quoi l'un supérieur? En quoi l'autre inférieur? Tout au contraire, dans le sens de la compétence spéciale résultant des connaissances techniques, c'est ici le juge élu qui est réellement supérieur, et le magistrat nommé qui est inférieur. Il ne s'agit pas de préséances ridicules, mais de capacité réelle au point de vue donné. Qui connaît le mieux les usages commerciaux, la comptabilité, les opérations d'une société ou d'une banque, le juge institué ou le commerçant? On concevrait donc parfaitement que le magistrat jugeât provisoirement en premier ressort, en vertu de circonstances territoriales, et que le commerçant le réformât en appel.

Le dernier prétexte invoqué est le plus spécieux, il semble d'abord renfermer une raison sérieuse. Nous avons vu que si l'appel est de règle dans la magistrature nommée, c'est que le point hiérarchique y est bien marqué; les magistrats des cours sont présumés plus capables que ceux de première instance à des signes extérieurs : plus d'ancienneté, une sélection apparente résultant d'une nomination, le concours d'un plus grand nombre aux débats et au jugement. La seconde décision l'emporte donc sur la première, sans qu'il y ait lieu de recourir à une troisième. Au contraire, les verdicts d'un jury, même les plus graves, ceux qui emportent comme conséquence une condamnation à mort, ne sont pas susceptibles d'appel. Pourquoi? Parce que le jury étant le résultat d'un tirage au sort, on ne peut trouver un second jury hiérarchiquement supérieur au premier. Hé bien! par la même raison on ne peut appeler d'un juge consulaire inférieur, à un juge consulaire supérieur qui n'existerait pas comme tel, puisqu'il tirerait son origine du même procédé, d'une élection.

Si cela était vrai dans ces termes exacts, il serait impossible, en effet, d'organiser cet appel, mais il n'en est rien. Le procédé employé pour le juge de carrière, soit juge, soit conseiller, est toujours le même, la nomination, et cependant par ce moyen identique on peut arriver à une hiérarchisation, c'est-à-dire à une sélection présumée et apparente. Il en est de même ici, et de plus cette sélection aurait sur l'autre l'avantage d'être réelle.

Voici comment. L'élection, pour produire une sélection supérieure, a besoin d'avoir un champ plus restreint. Le nombre des électeurs ne doit pas diminuer pour cela, mais seulement celui des éligibles. Si le juge de première instance doit avoir été suppléant pendant un an pour être éligible comme tel, pourquoi n'exigerait-on pas que le conseiller consulaire ait été juge consulaire au moins pendant cinq ans, ou président pendant deux ou trois ? Ne pourrait-on pas ajouter que l'on ne sera éligible comme conseiller consulaire que si l'on a exercé le commerce pendant vingt ans ? Ne pourrait-on même, lorsque plus tard l'instruction sera plus développée, exiger que l'éligible à la Cour ait passé des examens professionnels ou commerciaux ? D'autre part, s'il y a trois juges au tribunal, on pourra exiger le concours de cinq juges à la Cour de commerce. Il est aussi facile de hiérarchiser les juridictions commerciales que les civiles, sans diminuer la force élective.

Enfin on a fait valoir que, si la juridiction commerciale souffre de certaines exceptions à son expansion, elle profite de certaines autres à l'expansion d'autres juridictions. En effet, l'appel des sentences de prud'hommes est porté, non pas, comme on pourrait le croire, à un conseil de prud'hommes supérieur, ni au tribunal civil de droit commun, mais au tribunal de commerce, comme tribunal d'appel. Or, si le commerce et l'industrie ont beaucoup de points de contact, ils présentent aussi beaucoup de divergences et même souvent de l'antagonisme. Il y a là une anomalie qu'on peut comparer à celle que nous signalions. Les jugements des industriels sont réformés par des commerçants, ceux des commerçants sont réformés par les juges civils. Il n'y a pas un seul chaînon, mais toute une chaîne d'anomalie et d'illogisme.

Nous répondrons qu'un illogisme n'en justifie pas un autre, et qu'en effet l'appel des sentences de prud'hommes est mal à propos porté devant des commerçants, mais que cependant l'écart est moins grand que celui que nous avons montré. En effet, il s'agit de deux juridictions électives, tandis que dans l'appel des jugements de commerce on passe de juges élus à des magistrats nommés.

Tels sont les prétextes qu'on oppose à l'institution d'une Cour de commerce, nous voyons combien ils sont faibles, mais sous eux se cache une raison, et pour la découvrir il suffit d'un peu d'observation psychologique et sociologique. Ce qui domine notre organisation judiciaire, c'est le recrutement par nomination, corrigé çà et là par le contrepoids de l'inamovibilité; il y est fait en quelques endroits des brèches que l'ensemble du système regrette profondément; la principale est celle causée par le jury, importation étrangère; la plus importante ensuite est celle faite par le principe électif, celui des tribunaux de commerce. On les tolère, mais on essaie de les affaiblir. L'opinion publique les soutient, comme des garanties nécessaires, plutôt que par la conviction de l'excellence de ces institutions en elles-mêmes. Elle relève les verdicts peu satisfaisants du jury, elle critique les décisions commerciales, mais elle craint l'omnipotence de l'universalité de la hiérarchie judiciaire de droit commun. Aussi essaie-t-elle de donner de l'extension aux jurys, aux conseils de prud'hommes, aux tribunaux de commerce, et tous ceux qui préfèrent une autorité plus grande et une liberté moindre tirent en sens contraire, par une action toute réflexe et automatique. Tout au plus consentent-ils au maintien du *statu quo,* mais ils n'approuveraient jamais que la juridiction commerciale, élective, temporaire, montât jusqu'à l'appel. Tel est le vrai motif, latent, presque inconscient, comme la plupart des phénomènes sociaux, qui a jusqu'à présent triomphé.

Et maintenant que nous avons exposé les objections dans toute leur force et que nous y avons répondu, nous devons conclure que l'institution d'une Cour de commerce ne présente aucun inconvénient, mais de nombreux avantages pratiques, qu'elle détruirait une situation illogique au premier chef, et donnerait, de ce côté au moins, aux juges commerciaux la plénitude de la juridiction qui doit leur revenir dans l'intérêt de leurs justiciables. La procédure continuera jusqu'à la fin, brève, économique. Les commerçants auront le couronnement de ce privilège qui devrait être le droit commun et qui consiste à être jugé par ses pairs. Ils auront encore une fois devancé dans le domaine de la procédure, ce qu'ils ont fait si souvent dans celui du fond même du droit, par le droit commercial toujours progressiste et jeune, le vieux droit civil.

Mais il faut descendre maintenant de la région des théories, et se mettant à une œuvre correcte et nécessaire, construire la juridiction commerciale d'appel, telle qu'elle devrait être instituée: c'est alors qu'on pourra s'apercevoir des frottements et y remédier.

Nous ne toucherons pas à l'organisation actuelle du tribunal de commerce de première instance; une réforme ne doit pas être dépendante d'une autre, sous peine de diminuer la solidité de chacune d'elles.

Au-dessus de ce tribunal, il existerait une *Cour de commerce*. Elle serait régionale, comme la Cour d'appel, et aurait un rang égal. Elle se composerait, suivant les besoins du service, d'une ou de plusieurs chambres. Tous les appels des tribunaux de commerce y seraient portés.

La Cour de commerce n'aurait point de ressort territorial aussi étendu que la Cour civile. Il importe en effet que le juge ne soit pas ici trop loin du justiciable qui peut comparaître et se défendre lui-même. Il y en aurait une par département.

L'élection aurait lieu au suffrage direct et universel des commerçants au scrutin de liste.

Chaque chambre comprendrait cinq conseillers consulaires qui seraient élus parmi les commerçants ayant vingt ans d'exercice, ayant été cinq ans juges consulaires ou trois ans présidents de première instance.

Chaque conseiller consulaire remplirait à son tour pendant trois mois les fonctions de président de sa chambre.

Il n'y aurait point de ministère public près la Cour de commerce. Mais il serait adjoint à chaque chambre un *magistrat de profession* jouant le rôle *d'expert en droit*. Il aurait, d'ailleurs, voix consultative dans toutes les affaires. Les conseillers seraient, en outre, tenus de décider avec lui les questions de droit ; sur ces questions il aurait voix délibérative.

Ces derniers points demandent à être justifiés. Il semblerait plus naturel au premier abord de faire présider chaque chambre de la Cour de commerce par un magistrat qui a plus d'expérience ; il semblerait tout au moins que sur les questions de fait il dût avoir voix délibérative.

Après réflexion, nous n'avons pas cru devoir admettre ce système ; parce qu'en fait il donnerait au magistrat une trop grande prépondérance dans les décisions. Si celui-ci dirigeait les débats, il lui serait facile de le faire dans tel ou tel sens, sans aucune intention mauvaise, mais sous la préoccupation de ses propres idées puisées à d'autres codes et dans d'autres habitudes. S'il présidait la délibération, il aurait aussi une trop grande influence numérique ; il y aurait alors six conseillers et sa voix devrait être prépondérante. En outre, les conseillers élus, habitués désormais à être conduits, perdraient toute initiative, ils se reposeraient de tout sur le magistrat, et on aurait encore donné la vie apparente à une institution mort-née.

Cependant, la présence d'un magistrat est indispensable pour éclairer sur les questions de droit ; il devra alors délibérer et décider pour sa part. La prépondérance de sa voix sera dans ce cas un bienfait.

L'idée de l'union de la magistrature d'une part, du jury ou du tribunal électif de l'autre, est féconde, lorsqu'il n'y a pas simple juxtaposition comme dans le droit français actuel, mais véritable union. C'est ce que le Code d'organisation judiciaire allemand réalise heureusement dans les juridictions de bailliage, où le bailli, magistrat nommé, juge de si nombreuses affaires avec l'assistance de deux échevins, qui sont des juges élus. On peut appliquer cette idée de plusieurs manières, d'ailleurs, en donnant au magistrat directeur une plus grande part à la décision.

Le ministère public n'est pas institué par nous, parce qu'il n'a pas de raison d'être, même devant le tribunal de droit commun, en matière civile.

Les conseillers consulaires, à la différence des juges de commerce, auraient droit à un traitement. Ils seront en effet obligés de quitter leur domicile, et leur charge peut devenir assez lourde. Ils ne seront pas forcés d'accepter.

La procédure d'appel serait la même que celle de première instance. Le ministère des avoués ne serait pas indispensable, mais on pourrait l'employer.

Il y aurait des conseillers suppléants au nombre de deux ; chacune des parties pourrait exercer contre les conseillers titulaires une récusation péremptoire. Les suppléants seraient élus par les commerçants de la ville où la Cour consulaire siégerait.

Les sessions de la Cour pourraient avoir lieu alternativement dans plusieurs villes du ressort.

Chaque conseiller consulaire ne pourrait rester en fonctions plus de cinq ans ; il ne pourrait être réélu qu'après un nouvel espace de cinq années.

La Cour consulaire ne serait soumise à aucun point de vue à la Cour de justice ordinaire ; elle connaîtrait de l'exécution de ses arrêts, contrairement à ce qui a lieu aujourd'hui pour le tribunal de commerce.

Il est inutile d'entrer dans les détails de l'organisation. La Cour consulaire aurait en tous points les mêmes pouvoirs que la Cour ordinaire, et on procéderait devant elle, comme devant le tribunal de commerce.

Telle serait l'organisation nouvelle que nous proposons. La juridiction élective des commerçants ne serait plus découronnée ; elle a sa racine assurée dans l'opinion publique et dans les nécessités réelles du commerce, elle aurait désormais sa pleine efflorescence et le sommet naturel et logique qui lui fait défaut.

RAOUL DE LA GRASSERIE,
Docteur en droit,
Juge au tribunal de Rennes.

DES NAVIRES DE COMMERCE

AU POINT DE VUE DE LA NATIONALITÉ ET DE L'HYPOTHÈQUE

(Suite[1].)

***

Le droit d'hypothèque a été établi par la loi du 10 décembre 1874, qui a été remplacée par la loi du 10 juillet 1885 actuellement en vigueur. Les navires de 20 tonneaux et au-dessus peuvent seuls être hypothéqués. L'hypothèque maritime ne peut être que conventionnelle et résulte d'un contrat rédigé par écrit. Cet acte, qui peut être authentique ou sous signature privée, supporte dans les deux cas un droit d'enregistrement d'un franc par 1,000 fr. Le titre constitutif de l'hypothèque peut être à ordre et sa négociation par voie d'endossement emporte la translation du droit hypothécaire. L'hypothèque est consentie par le propriétaire ou par son mandataire justifiant d'un mandat spécial. Si le navire a plusieurs propriétaires, l'armateur titulaire a le droit de consentir l'hypothèque pour les besoins de l'armement ou de la navigation, avec l'autorisation de la majorité définie par l'article 220 du Code de commerce, c'est-à-dire la représentation de parts d'intérêt dans le navire excédant la moitié de sa valeur, ou avec l'autorisation du tribunal de commerce, lorsque le navire étant frété du consentement des copropriétaires, quelques-uns de ceux-ci refusent de contribuer aux frais de l'expédition. Dans ce dernier cas seulement et en vertu des termes de l'article 233 du Code de commerce, le capitaine peut contracter hypothèque sans mandat spécial de l'armateur. Le copropriétaire peut hypothéquer sa part indivise dans le navire, lorsqu'il est propriétaire de plus de la moitié du navire, sinon il doit préalablement obtenir l'autorisation d'autres copropriétaires possédant des portions d'intérêt représentant plus de cette moitié.

L'hypothèque porte sur le navire entier ou sur une portion du navire et s'étend dans tous les cas, à moins de convention contraire, non seulement au corps du navire, mais aux agrès, apparaux, machines et autres accessoires. L'hypothèque peut être constituée sur un navire en construction. Dans ce cas, elle doit être précédée d'une déclaration de construction faite au receveur principal du bureau des douanes dans la circonscription duquel le navire est en construction. Cette déclaration, qui mentionne

***

1. Voir le numéro de *novembre*, page 487.

l'emplacement de la mise en chantier du navire et indique la longueur de
la quille, et approximativement les autres dimensions ainsi que le tonnage
présumé, n'est valablement faite que par le constructeur à qui il appartient
de consentir l'hypothèque.

L'hypothèque est rendue publique par l'inscription sur un registre, tenu
par le receveur principal du bureau des douanes dans la circonscription
duquel le navire est en construction, ou du bureau dans lequel le navire
est immatriculé, s'il est déjà pourvu d'un acte de francisation. Les chan-
tiers de construction situés dans les départements de la Seine, de Seine-
et-Oise et de l'Oise sont compris dans la circonscription du bureau des
douanes de Rouen, ceux placés dans les départements du Rhône, de la
Loire et de Saône-et-Loire sont compris dans la circonscription du bureau
des douanes de Marseille. Si le navire hypothéqué lors de sa construction, est
immatriculé dans un autre port que celui où il a été construit, les inscriptions
hypothécaires sont inscrites à leur date sur les registres du receveur principal des douanes du port d'immatricule. Ce receveur principal peut recevoir l'inscription en quelque lieu que le navire se trouve et soit ou non
que le prêt hypothécaire ait été consenti en France ou à l'étranger. Dans
les deux cas, l'hypothèque n'a d'effet à l'égard des tiers que du jour de
son inscription au registre du bureau d'immatricule. Néanmoins les hypothèques constituées sur le navire acheté à l'étranger avant son immatri-
culation en France sont valables, pourvu qu'elles soient inscrites par le
consul français sur le congé provisoire de navigation et reportées à la re-
quête du créancier sur le registre du receveur des douanes du lieu où
le navire est immatriculé. Si le navire est hypothéqué dans un autre port
que celui où il est immatriculé, les pièces et titres relatifs à l'inscription
sont transmis par le receveur principal du port où le navire est hypothéqué au receveur principal du port d'immatricule. Si le navire change
de port d'immatricule, les inscriptions hypothécaires sont reportées à
leurs dates respectives sur le registre du receveur principal des douanes
du nouveau port d'immatricule.

Tout porteur des titres de la créance peut requérir l'inscription. Celle-ci
s'opère en présentant au receveur principal des douanes, soit l'un des
originaux du titre constitutif de l'hypothèque, si la convention a été
libellée sous seing privé ou en brevet, soit une expédition de l'acte authentique dont il a été fait minute. Le réquérant y joint deux bordereaux
signés par lui et dont l'un peut être porté sur le titre présenté. Ces bordereaux doivent contenir : 1° les noms, prénoms et domiciles du créancier
et du débiteur et leurs professions s'ils en ont une ; 2° la date et la nature
du titre ; 3° le montant de la créance exprimée dans le titre ; 4° les con-

ventions relatives aux intérêts et au remboursement ; 5° le nom et la désignation du navire hypothéqué, la date de l'acte de francisation ou de la déclaration de la mise en construction ; 6° élection de domicile par le créancier dans le lieu de la résidence du receveur des douanes. Après avoir reçu les pièces qui viennent d'être indiquées, le receveur transcrit le contenu du bordereau sur un registre spécial. Cette transcription, qui constitue l'inscription de l'hypothèque, est mentionnée sur l'un des bordereaux que le receveur restitue au requérant, en même temps que le titre, s'il est authentique. Mais l'acte sous seing privé ou celui reçu en brevet reste déposé en douane. Les inscriptions sont relatées sur le registre de francisation et sur le double bordereau qui reste entre les mains du receveur.

Après l'inscription, le créancier peut changer le domicile élu par lui dans les bordereaux, mais il doit choisir un autre domicile situé dans le lieu de la résidence du receveur principal des douanes. La déclaration du nouveau domicile est signée par le requérant et le receveur sur le registre d'inscription en regard de l'acte même d'inscription. Si le receveur ne connaît pas personnellement le créancier ou s'il a des doutes sur sa capacité, il exige une déclaration notariée qui reste déposée à l'appui de la mention du changement de domicile sur le registre d'inscription. A la suite de mutation ou de subrogation, le nouveau créancier qui en requiert la mention doit déposer une expédition de l'acte authentique[1] par lequel ses droits sont établis. Si ce titre ne porte pas indication d'élection de domicile à la résidence du receveur principal des douanes, il fait une déclaration de cette élection de domicile dans la forme indiquée ci-dessus. Il doit en outre représenter le bordereau de l'inscription primitive, ainsi que le titre constitutif de l'hypothèque. Le receveur s'assure de la validité des justifications produites, et mentionne au registre la mutation ou la subrogation en regard de l'acte d'inscription. Après avoir reçu une transcription de cette mention, le bordereau d'inscription primitive et le titre constitutif de l'hypothèque sont rendus au nouveau créancier. L'expédition de l'acte qui a autorisé la subrogation est conservée par le receveur des douanes, qui annote, en outre, le registre de francisation ainsi que le double du bordereau d'inscription et du titre primitif sous seing privé ou en brevet restés entre ses mains.

La radiation des inscriptions hypothécaires s'effectue volontairement par un acte de mainlevée du créancier ou de son cessionnaire justifiant de ses droits, soit en vertu d'un jugement en dernier ressort ou passé en force

---

1. Les règlements administratifs prescrivent, dans ce cas, la production d'un acte authentique.

de chose jugée. L'acte de mainlevée doit être authentique. Il peut être
rédigé en brevet. Le requérant remet l'expédition de l'acte authentique
ou du jugement exécutoire au receveur principal des douanes qui s'assure de la validité de ces pièces. Après cet examen qui porte sur la
capacité des parties, la régularité des actes et, s'il y a lieu, sur les conditions exécutoires du jugement, le receveur constate la radiation en regard
de l'inscription en rappelant la date et la nature du titre en vertu duquel
cette radiation est opérée. Mention de la radiation est faite aussi sur le
bordereau d'inscription qui a dû être représenté et qui est restitué ensuite.
Dans le cas où l'acte constitutif de l'hypothèque est sous seing privé ou
qu'étant authentique il a été reçu en brevet, la loi exige que le double
original resté aux mains des ayants droit soit communiqué au receveur,
qui y mentionne la radiation séance tenante. Cette radiation est indiquee
également sur le registre de francisation et sur toutes les pièces relatives
à l'inscription.

Le receveur des douanes est tenu de délivrer à tous ceux qui le requiè-
rent l'état des inscriptions subsistant sur un navire expressément désigné
ou un certificat qu'il n'en existe aucune. Le requérant n'a pas à motiver sa
demande ou à justifier d'un intérêt quelconque. Le receveur comprend
dans l'état toutes les inscriptions non périmées et non radiées, d'après le
registre de son bureau.

L'hypothèque maritime rend impossible la vente du navire à un étranger. Toute infraction à cette interdiction est assimilée par la loi à un abus
de confiance et poursuivie comme telle. L'inscription d'hypothèque conserve son effet pendant dix ans à compter du jour de sa date. Cet effet
cesse si l'inscription n'a pas été renouvelée avant l'expiration de ce délai.
Le renouvellement s'effectue comme l'inscription primitive en présentant
un bordereau en double expédition, mentionnant expressément le renouvellement. L'inscription hypothécaire garantit au même rang que le capital deux années d'intérêt en sus de l'année courante. Il s'agit de deux
années quelconques à échoir après l'inscription, pourvu que les intérêts
ne soient pas prescrits. En matière de prêt hypothécaire, le taux de l'intérêt est réglé par les parties et, à défaut de convention spéciale, l'intérêt
légal est de 6 p. 100.

Les créances hypothécaires sur un navire viennent dans leur ordre
d'inscription après les créances privilégiées, énumérées à l'article 191
du Code de commerce. L'ordre d'inscription est réglé par la date d'inscription. Les hypothèques inscrites le même jour viennent en concurrence
quelle que soit l'heure de l'inscription.

Le créancier dont l'hypothèque est inscrite suit le navire en quelques mains qu'il passe. Si l'hypothèque porte sur une portion du navire inférieure à la moitié, il ne peut saisir et faire vendre que cette portion. Dans le cas où plus de la moitié du navire est hypothéquée, il peut le faire vendre en totalité en appelant à la vente les copropriétaires. Par dérogation à l'article 883 du Code civil, les hypothèques consenties par les copropriétaires durant l'indivision continuent à subsister après le partage ou la licitation. L'acquéreur d'un navire hypothéqué qui veut se garantir des poursuites des créanciers en purgeant les hypothèques doit, avant la poursuite ou dans le délai de quinzaine, notifier à tous les créanciers inscrits sur le registre du port d'immatricule, au domicile élu dans leur inscription : 1° un extrait de son titre, indiquant seulement la date et la nature de l'acte, le nom du vendeur, le nom, l'espèce et le tonnage du navire et les charges faisant partie du prix ; 2° un tableau sur trois colonnes, dont la première contient la date des inscriptions, la seconde le nom des créanciers, la troisième le montant des créances inscrites. Cette notification comprend constitution d'avoué. Par le même acte, l'acquéreur déclare qu'il est prêt à acquitter sur-le-champ les dettes hypothécaires jusqu'à concurrence de son prix, sans distinction des dettes exigibles ou non exigibles. Tout créancier peut requérir la mise aux enchères du navire ou portion de navire, en offrant de porter le prix à 1/10 en sus et de donner caution pour le paiement du prix et des charges. Cette réquisition du créancier est signifiée à l'acquéreur dans les dix jours des notifications et contient assignation devant le tribunal civil du lieu où se trouve le navire, ou, s'il est en cours de voyage, du lieu où il est immatriculé, pour voir ordonner qu'il sera procédé aux enchères requises. La vente aux enchères a lieu à la diligence, soit du créancier qui l'a requise, soit de l'acquéreur dans les formes établies pour les ventes sur saisie. Dans le cas où l'acquéreur du navire hypothéqué ne paralyse pas le droit de suite du créancier, la saisie et la vente du navire et la distribution du prix s'effectuent conformément aux dispositions des articles 23 à 32 de la loi du 10 juillet 1885.

Les receveurs des douanes chargés du service de l'hypothèque maritime fournissent un cautionnement spécial en immeubles ou en rentes nominatives sur l'État français pour la garantie des actes auxquels donne lieu l'exécution de la loi du 10 juillet 1885. La responsabilité qui leur incombe à ce sujet n'est pas partagée par leur administration. Ces comptables perçoivent pour les opérations d'hypothèque des remises et salaires. La remise est fixée à 1/2 p. 1,000 du capital des créances donnant lieu à l'hypothèque, quel que soit le nombre des navires sur lesquels il est pris inscription. Toutefois, dans le cas où les navires affectés à la garantie d'une même créance sont immatriculés dans des ports dépendant de recettes différentes, la remise est due au receveur de chacune des recettes. Le renouvellement des inscriptions donne lieu à la perception de la même remise que l'inscription. Les salaires sont d'un franc : 1° pour l'inscription de chaque hypothèque requise par un seul bordereau, quel que soit le nombre des créanciers ; 2° pour chaque inscription reportée d'office sur le registre du lieu de la francisation ou sur le registre du nouveau port d'attache ; 3° pour chaque déclaration, soit de changement de domicile, soit de subrogation, soit de tous les deux par le même acte ; 4° pour chaque radiation d'inscription ; 5° pour chaque extrait d'inscription ou pour le certificat qu'il n'en existe pas ; 6° pour la transcription du procès-verbal de saisie, conformément à l'article 24 de la loi du 10 juillet 1885. Chaque bordereau d'inscription ne peut s'appliquer qu'à un seul navire. Dans le cas de changement de domicile, de subrogation ou de radiation, il est fait une déclaration distincte par inscription.

Dans le cas d'hypothèque constituée sur un navire acheté à l'étranger, les droits sont garantis par une soumission entre les mains du consul de France au moment de l'inscription sur le congé provisoire et recouvrés ensuite lorsque l'inscription est reportée sur le registre du receveur des douanes du port où le navire est immatriculé.

C. ROSSIGNOL,
Inspecteur des douanes.

LE RÉGIME DOUANIER

ET LES

TRAITÉS DE COMMERCE DE LA FRANCE

(Suite [1].)

FRANCE

Décret du 30 janvier 1892.
(Application du tarif douanier de 1892, le 1ᵉʳ février 1892.)

On était arrivé à la fin de janvier 1892, les *nouveaux tarifs français* devaient entrer en vigueur le 1ᵉʳ février. La convention signée par la France avec la Suède et Norvège et les accords conclus par elle avec les Pays-Bas et la Belgique n'exigeaient pas ratification du Parlement fran-

---

1. Voir les numéros d'*octobre* (page 433) et de *novembre* (page 481).

çais, puisqu'en vertu de la loi du 19 décembre 1891, le gouvernement français avait le droit d'appliquer, par simple décret, le tarif minimum aux pays avec lesquels il serait arrivé à une entente avant le 1er février 1892.

Le décret fut rendu le *30 janvier 1892 ;* il appliquait le *tarif minimum* non seulement à la Suède et Norvège, aux Pays-Bas et à la Belgique, mais à la Grèce, à la Suisse, pays avec lesquels un *modus vivendi* provisoire avait été établi et aux autres pays jouissant avant 1892 du tarif conventionnel et qui étaient les suivants :

Angleterre. — Loi du 28 février 1882 ;

Allemagne. — Traité du 10 mai 1871, art. XI ;

Autriche-Hongrie. — Convention de commerce du 18 février 1884. Convention de navigation du 9 avril 1884 ;

Bulgarie. — Échange de lettres 8/9 octobre 1890 ;

Danemark. — T. 23 août 1742 et 9 février 1842 ;

Russie. — T. 1 avril 1874 ;

Turquie. — T. de 1832 et du 25 novembre 1838 ;

Mexique. — C. 27 novembre 1886 ;

République Dominicaine. — T. 9 septembre 1882 ;

Perse. — T. 12 juillet 1855 ;

République Sud-Africaine. — T. 10 juillet 1885.

Tous ces pays bénéficièrent donc du tarif *minimum* français à partir du 1er février 1892, tandis que tous ceux qui, comme *l'Italie, l'Espagne, le Portugal,* etc., ne figurent pas dans cette liste et avec lesquels la France n'était pas arrivée à un accord commercial, furent soumis aux droits du tarif *maximum.* La *Suisse,* qui est comprise dans cette liste, ne devait pas tarder à perdre le bénéfice du décret du 30 janvier 1892.

ITALIE

En vertu de l'article 18 du traité qu'elle avait signé avec la France *le 3 novembre 1881,* l'Italie avait dénoncé ce traité *le 15 décembre 1886* et demandé de nouvelles négociations, tout en poursuivant l'élaboration de son nouveau tarif de douane, dont la promulgation eut lieu *le 14 juillet 1887.* Le gouvernement français accepta d'entrer en pourparlers et l'Italie demanda, avec le traitement de la nation la plus favorisée, des réductions sur les droits à l'entrée du *bétail.* La France, qui ne pouvait guère réduire ces droits ni accorder à titre de réciprocité le traitement de la nation la plus favorisée, car l'Italie n'était liée avec les autres puissances par aucun traité de commerce, accepta néanmoins en principe la réduction demandée, à la condition que l'Italie diminuerait de son côté les droits sur les *tissus français de laine et de soie*. L'Italie s'y refusa et on dut, pour ne pas rompre les négociations, proroger de deux mois le traité de 1881, qui arrivait à échéance. Les délégués français, désireux d'établir une entente, se rendirent à Rome, mais aucune entente ne fut possible. Le gouvernement italien voulait absolument négocier en prenant pour base son nouveau tarif général de 1887, qui était bien plus élevé que le tarif général français. Finalement, il mit le gouvernement français en demeure d'accepter ou de refuser. Le gouvernement français refusa et fit voter par les Chambres, le 27 février 1888, un tarif spécial applicable à l'Italie, tarif de guerre auquel l'Italie répondit par un autre tarif spécial applicable à la France. Aucune nouvelle négociation n'a suivi cette rupture et cependant les mesures prises par la France, loin de s'aggraver, se sont atténuées, puisque les tarifs différentiels votés par le Parlement français en 1888 ont disparu et que l'Italie paie les droits du tarif *maximum* français applicable à tous les pays qui ne jouissent pas du tarif minimum.

C'est presque une banalité de dire que cette rupture est regrettable. Est-elle plus préjudiciable à la France qu'à l'Italie? Il est difficile d'établir la balance; dans tous les cas, les relations commerciales ont considérablement diminué :

En 1876, le commerce franco-italien était de 827 165 115 fr. ; en 1893, il tombe à 262 508 000.

D'autre part, depuis 1887, le commerce de l'Italie avec l'Autriche a augmenté de 250 000 000 de francs.

Voici, du reste, des chiffres qui montreront combien les relations commerciales des deux pays ont diminué depuis la rupture commerciale.

COMMERCE FRANCO-ITALIEN

Commerce spécial.

1881	763,205,125ᶠ	1889	301,067,896ᶠ
1882	671,442,780	1890	284,931,921
1883	727,118,780	1891	267,931,921
1887	633,764,516	1892	300,947,681
1888	336,677.104	1893	262,508.000

EXPORTATIONS D'ITALIE EN FRANCE

Principaux articles.

	1887.	1893.
Vins ordinaires et liqueurs	97,304,000ᶠ	4.441.000ᶠ
Soies grèges écrues	36,140,500	28.536,000
Soies ouvrées ou moulinées écrues	35,780.000	4,106,000
Huiles d'olive	19,788.000	5.860,000
Bétail	11.855.000	402,000

EXPORTATIONS DE FRANCE EN ITALIE.

Principaux articles.

	1887.	1893.
Tissus, passementerie et autres articles de soie.	36,962,000 ᶠ	10,574,000 ᶠ
Tissus, passementerie et autres articles de laine.	29.710,000	9,352,000
Tissus, passementerie et autres articles de coton	15,710,000	9,762,000
Articles de Paris	13,472,000	2,733,000
Fonte, fer, acier, etc..	13,138,000	4,910,000
Sucre et autres denrées coloniales	11,283,000	2,326,000
Produits chimiques.	10,700,000	4,803,000
Tapis, livres, etc.	8,000,000	1,602,000
Machines et pièces détachées	7,442,000	1,011,000

	IMPORTATIONS EN FRANCE.	EXPORTATIONS DE FRANCE.
	Millions de francs.	Millions de francs.
1889	133.6	143.8
1890	121.9	149.9
1891	123.6	125.5
1892	132.4	132.6
1893	151.3	128.4

La France a toujours désiré s'entendre avec l'Italie jusqu'au moment où il eût été grotesque de continuer dans cette voie de conciliation. L'Italie ne semble pas avoir été très conciliante ; entraînée dans le mouvement de la « Triplice », elle n'a pas hésité à se séparer de plus en plus de la France. On ne peut que souhaiter le retour à une entente cordiale entre deux peuples voisins et liés par des intérêts réciproques.

GRÈCE

La Grèce se trouvait comprise dans les pays auxquels le bénéfice du tarif minimum avait été concédé par le décret du 30 janvier 1892. Jusque-là les relations commerciales entre les deux pays étaient déterminées par des lois dont l'échéance avait été fixée au 1ᵉʳ février 1892. La *loi grecque du 7/19 février 1881* avait accordé aux nationaux français le traitement de la nation la plus favorisée en matière de commerce, de navigation et de protection de la propriété industrielle ; la *loi française du 20 février 1891* avait concédé les mêmes avantages aux sujets, aux navires et aux marchandises de la Grèce.

Par un échange de lettres qui eut lieu *le 8/20 janvier 1892*, entre le ministre de la République française à Athènes et le ministre des affaires étrangères de Grèce, une entente s'établit ayant pour base la prorogation provisoire des lois spéciales qui, dans les deux pays, devaient prendre fin à la date du 1er février 1892.

A la suite de cet *échange de lettres,* le gouvernement royal, avec l'autorisation du pouvoir législatif, prorogea par décret pour une durée de six mois la loi du 7/19 février 1891. De son côté, la France usant du pouvoir que lui avait donné la loi du 29 décembre 1891, inscrivit, dans le décret du 30 janvier 1892, la Grèce parmi les pays qui devaient jouir du tarif minimum.

La Grèce assurait à la France jusqu'au 31 juillet 1892, par la prorogation de la loi du 7/19 février 1891, le traitement de la nation la plus favorisée, non seulement en matière de tarif, mais encore pour tout ce qui concernait les opérations commerciales et industrielles, le payement des taxes et impôts et la protection de la propriété industrielle.

La France, par le décret du 20 janvier 1892, accordait seulement *quant aux tarifs,* à la Grèce le traitement de la nation la plus favorisée, mais par la loi du *16 février 1892* elle étendit ce traitement à tout ce qui concernait les opérations commerciales et industrielles, le payement des taxes, etc., etc.

Jusqu'alors il n'y avait pas eu de difficultés à surmonter, la Grèce s'était dès le commencement des négociations offerte, en échange du tarif minimum français et de la consolidation du droit d'entrée en France sur *le raisin sec,* à accorder, en même temps que le traitement de la nation la plus favorisée, des réductions à l'entrée de certains produits et la franchise aux *vins français* en général.

L'accord de 1891 et sa prorogation en 1892 s'étaient donc faits sur ces bases; de plus, la Grèce avait toujours promis à la France, lorsqu'on arriverait à un accord définitif, de lui faire des concessions nouvelles. [Voir lettre de M. le comte de Montholon, ministre de France à Athènes, à M. Ribot, ministre des affaires étrangères, le 20 janvier 1892. Livre jaune, Dénonciation des traités de commerce.] Mais le cabinet Delyannis tomba (mars 1892) et il y eut en Grèce une crise assez longue qui interrompit les négociations commerciales. Elles ne furent reprises que sous le gouvernement de M. Tricoupis, en juin 1892, c'est-à-dire au moment où l'arrangement provisoire allait cesser d'être en vigueur (31 juillet) à l'égard de la France; car, contrairement à la Grèce, qui n'avait prorogé la loi du 7/19 février 1891 que pour six mois, la France avait accordé aux produits grecs, par décret du 30 janvier 1892, le tarif minimum sans limitation de durée.

Il y avait bien peu de chance d'arriver à une entente définitive avant le 31 juillet 1892, et on décida de proroger de nouveau l'accord existant pour une nouvelle période de six mois. M. Tricoupis avait cependant déclaré que, « suivant l'importance du dégrèvement des charges qui pesaient en « France sur le raisin sec, le gouvernement grec accorderait les diminutions « promises », prétention aussi étrange qu'inattendue, car la Grèce manquait ainsi aux promesses faites antérieurement. Les deux États, malgré cette déclaration, continuèrent donc à s'accorder pour une nouvelle période de six mois, c'est-à-dire jusqu'au 31 décembre 1892, et par échange de lettres le traitement réciproque de la nation la plus favorisée.

Pendant cette nouvelle période de six mois, les négociations continuèrent, la France rappela à la Grèce ses promesses, ajoutant qu'elle était d'autant plus fondée à demander des réductions sur certains produits que, postérieurement aux premières négociations, c'est-à-dire en février 1892, la Grèce avait relevé dans une proportion de 15 p. 100 les droits d'importation perçus sur diverses marchandises non dénommées dans les arrangements commerciaux qu'elle avait conclus. La Grèce refusa toute concession et néanmoins les deux gouvernements en arrivèrent à prolonger *sine die,* c'est-à dire sans limitation de durée, par une déclaration du 4/16 décembre 1892, le *modus vivendi* qui existait entre eux.

COMMERCE

FRANCE. — GRÈCE.

IMPORTATIONS EN FRANCE.		EXPORTATIONS DE FRANCE.
	Millions de francs.	Millions de francs.
1889	30.8	10.2
1890	44.1	11.5
1891	24.1	25.1
1892	23.6	22.9
1893	16.6	6.5

Principales marchandises.

IMPORTÉES EN FRANCE.	EXPORTÉES DE FRANCE.
Raisins secs.	Peaux brutes et préparées.
Vins.	Tissus.
Éponges.	Sel marin.

PORTUGAL

Un traité de commerce avait été conclu entre la France et le Portugal *le 19 décembre 1881;* il devait prendre *fin* le 1er février 1893, s'il était dénoncé un an avant. La France l'avait dénoncé en février 1891 et le gouvernement portugais, tout en prenant note de la dénonciation, avait déclaré qu'il ne voulait pas prolonger au delà du 1er février 1892 le régime résultant des articles ne contenant pas de concessions de tarifs dans le traité de

1881. Le Portugal avait, lui aussi, adopté le régime protectionniste et fait un tarif des plus protecteurs applicable à partir du 1er février 1892. Ce tarif était presque prohibitif pour certains articles français, tels que les *tissus de soie*, les *rubans*, les *galons* et les *vins*. Il était donc nécessaire, pour arriver à un accord, d'engager des négociations qui auraient pris beaucoup de temps; or le temps faisait défaut; le gouvernement français proposa donc de proroger *provisoirement* le traité de 1881 à l'exclusion des articles à tarifs, en adoptant une rédaction semblable à celle de l'acte qu'il était sur le point de signer avec les Royaumes-Unis de Suède et de Norvège. Le Portugal ne voulut pas consentir à cette combinaison, il déclina l'offre sans se refuser toutefois à conclure un traité de commerce si on prenait pour base son tarif général. La France insista: elle proposa successivement un accord dans les termes des articles 1 et 2 de la loi du 29 décembre 1891, puis une situation commerciale toujours révocable comme celle existant entre la France et l'Angleterre; elle proposa même au Portugal de ne pas proroger la clause de la nation la plus favorisée (puisque le Portugal ne voulait plus admettre cette clause dans aucun traité), pourvu que les relations commerciales continuassent provisoirement comme par le passé jusqu'à nouvel accord. Ce fut en vain, le Portugal désireux, pour appliquer son nouveau tarif général, de faire table rase de tous les traités de commerce qu'il avait conclus, ne voulut pas accepter ces offres. La France s'était heurtée à un « *non possumus* » inébranlable de la part du Portugal. Elle dut donc appliquer son tarif *maximum* à partir du 1er février 1892 au Portugal, qui répondit naturellement par l'application aux produits français de son tarif général du 1er février 1892.

COMMERCE

FRANCE. — PORTUGAL.

IMPORTATIONS EN FRANCE.		EXPORTATIONS DE FRANCE.
Millions de francs.		Millions de francs.
1889	37.7	28.0
1890	13.0	33.0
1891	8 3	24.8
1892	8.1	13.8
1893	5.0	15 5

Principales marchandises.

IMPORTÉES EN FRANCE.	EXPORTÉES DE FRANCE.
Poissons.	Sucres.
Vins.	Outils.
Fruits.	Produits chimiques.
Caoutchouc.	

Gustave WOLFROM.

Attaché à la Résidence de France à Tunis.

(*A suivre.*)

L'ADMISSION AUX ÉCOLES D'ARTS ET MÉTIERS

ET LES ÉCOLES PRATIQUES D'INDUSTRIE

Les écoles pratiques d'industrie, nouvellement créées, ont pour but unique de préparer des ouvriers d'élite à l'industrie. Tout ce qui tendrait, dans ces écoles, à éloigner de ce but doit être absolument rejeté.

C'est ce qui ressort très nettement de la lettre et de l'esprit du décret d'organisation de ces établissements, comme des arrêtés successifs qui les intéressent, comme surtout d'une récente circulaire du ministre du commerce, sous l'autorité duquel ils sont placés.

Cette circulaire est une invitation directe à la suppression des diverses préparations d'examens que faisaient jadis la plupart des écoles professionnelles [1] et que continuent encore certaines d'entre elles. Une exception est pourtant faite dans les écoles pratiques en faveur de la préparation aux écoles d'arts et métiers, et encore le ministre se réserve-t-il le droit de désigner tous les ans, sur le vu des notes générales, ceux des élèves qui pourraient être admis à préparer cet examen.

La restriction indiquée ne peut être que très appréciée des chefs d'établissement qui ont souvent à lutter contre les familles toujours ou presque toujours disposées à trouver chez leurs fils l'étoffe voulue pour les plus hautes études. Ainsi, tout au moins, se trouvent éliminés ceux que les maîtres reconnaissent incapables ou sans aptitudes.

Mais est-ce assez et n'y a-t-il pas à craindre encore un certain stock de ces *déclassés* que M. le ministre ne voudrait plus voir ?

Il est permis de répondre par la négative pour si peu que l'on compare le chiffre des candidats (800 ou 900 pour chacune des trois écoles nationales) qui, annuellement, le plus souvent après deux années d'études surchauffées, comparaissent devant les commissions d'examen, et le chiffre (100) des admissions définitives.

Si l'on éloignait les causes diverses de succès et d'insuccès et si l'on raisonnait sur ces chiffres seulement, on pourrait admettre que pour faire

---

1. Examens du brevet d'instituteur, examens des postes et télégraphes, administrations diverses, etc.

recevoir 4 ou 5 élèves par an, — ce qui est à rechercher pour justifier les frais consentis en faveur d'une section préparatoire, — il faudrait une trentaine d'élèves candidats dans chaque école pratique. Mais on peut supposer que les élèves des écoles pratiques sont, par certains côtés du moins, plus près de l'examen en question que leurs concurrents d'autres écoles et on peut espérer qu'une section de 15 élèves réaliserait les 4 ou 5 admissions annuelles nécessaires. Il faudrait néanmoins compter, comme on le voit, sur un déchet de 10 élèves par an, *dix déclassés* n'ayant plus guère que la ressource des services de la marine ou de l'armée de terre pour appliquer leur instruction spéciale. C'est là un chiffre trop fort encore et nous voudrions montrer comment on pourrait l'abaisser à zéro, tout en servant l'intérêt des écoles pratiques et du public qui les alimente ou qui pourrait les alimenter.

Il est parfaitement certain que, sous le rapport des connaissances théoriques, un élève sortant d'une école pratique ne peut se mettre en parallèle avec un admis aux arts et métiers. En dehors des notions d'algèbre qu'il ne possède pas du tout — cette partie étant bannie de nos programmes, — il lui manque encore, en mathématiques, cet assouplissement et cette gymnastique puissante que de nombreuses heures consacrées à l'arithmétique et à la géométrie peuvent seules donner.

Tous les professeurs savent avec quelle rigueur de langage, avec quelle précision et quelle vivacité d'esprit les candidats doivent se présenter devant les commissions circulantes des examens. Ces qualités, qui sont les dominantes caractéristiques d'un admis aux arts et métiers, nos élèves d'écoles pratiques ne peuvent les avoir après trois années d'études plus générales que spéciales, plus approximatives, si l'on peut s'exprimer ainsi, que rigoureuses. La grande part faite, à bon droit, aux exercices pratiques, ne laisse plus la place nécessaire pour aborder et suivre, comme il conviendrait à des candidats aux arts et métiers, les divers livres de la géométrie ainsi que pour faire les nombreux problèmes qui sont indispensables à l'étude de cette science.

Nos élèves connaissent de la géométrie les lignes principales, les grands théorèmes à applications courantes ; ils savent très prestement calculer une surface ou un volume ; ils comprennent enfin les rapports essentiels de la géométrie et du dessin industriel. Peut-être peut-on ajouter qu'ils saisissent aussi le lien des sciences mathématiques et de la mécanique d'application. Par contre, on peut considérer que la plupart de nos élèves ont acquis pendant leur séjour à l'école une habileté manuelle incomparablement supérieure à celle qui est exigée des candidats et qu'ils peuvent fournir un dessin aussi correct et aussi fin que ces derniers.

Étant donnée cette situation, deux moyens se présentent naturellement à l'esprit pour rendre possible la préparation de nos apprentis à l'examen qui nous occupe. Nous les indiquerons pour montrer qu'ils ne sont pas sans danger dans l'application.

Le premier moyen consiste à sélectionner les élèves de deuxième année, à prendre les meilleurs et à constituer avec eux une section préparatoire.

Ces élèves sont déjà très bien façonnés pour les exercices manuels ainsi que pour le dessin, et tout le travail consistera pour eux à se chauffer ferme aux ardeurs des mathématiques. Ils ont de plus, quelques-uns du moins, l'avantage de pouvoir consacrer, comme la plupart des candidats, deux années à cette préparation.

Mais si nous nous rappelons nos chiffres de tout à l'heure, c'est-à-dire le rapport entre les présentés et les admis, nous pouvons craindre de conduire la majorité de ces élèves à un échec certain et d'avoir cruellement déçu nombre de familles pour lesquelles les sacrifices ont paru longs et sont restés sans profit. Trop imparfaits pour travailler — leur apprentissage ayant été abrégé, — déçus eux-mêmes dans leurs espérances, ces jeunes gens, des hommes presque, planeront dans l'oisiveté longtemps encore pour trouver leur voie, s'ils y réussissent jamais.

Et nous ne parlons pas de l'effet produit dans le public, de ce public toujours prêt à encenser une école qui réussit, mais aussi assez disposé à en discuter la valeur au moyen de faits probants.

Le deuxième moyen, plus rationnel, moins dangereux pour le capital-élève, est, on le devine, dans la préparation par un supplément d'études.

Après la troisième année, les meilleurs élèves désignés par M. le ministre pourraient composer une section spéciale des candidats aux arts et métiers.

Mieux encore que par la combinaison précédente, on se trouverait en face de jeunes gens n'ayant plus qu'à recevoir une culture intensive des mathématiques. Avec les refusés, du moins, pas de perte possible, ces refusés pouvant, avec l'apprentissage complet de leurs trois années d'études normales, se présenter aussi dignement dans l'industrie que les autres élèves sortants. Peut-être y aurait-il encore quelques familles déplorant la perte d'une année supplémentaire, peut-être l'école aurait-elle aussi à souffrir des jugements portés sur elle par les mécontents ; mais ces inconvénients seraient certainement très atténués, à cause même de l'utilisation possible des échouants.

Mais — il y a un mais à cette combinaison — il faut savoir que l'âge d'admission variant assez dans nos écoles et se fixant à la moyenne de 13 à 14 ans, il serait difficile, avec la limite d'âge de 17 ans imposée aux candidats des arts et métiers, de composer une section assez nombreuse pour correspondre aux sacrifices qu'elle demande. Il ne faudrait pas compter, en effet, sur plus de 4 ou 5 élèves répondant annuellement aux conditions désirables et partant sur plus de deux admissions. Ce n'est vraiment pas assez pour absorber le temps des deux professeurs qu'il conviendrait d'attacher à ce travail. Aucun de ces deux moyens ne devrait donc, à notre avis, être appliqué.

Nous donnerions la préférence à deux autres modes ne présentant ni l'un ni l'autre les inconvénients relevés.

Dans le premier mode, d'une application large, il y aurait lieu de considérer les écoles d'arts et métiers comme la suite naturelle des écoles pratiques d'industrie, pour les meilleures élèves seulement, bien entendu.

Nous recueillons les hauts cris que cettte idée fait pousser ! Mais alors, nous dit-on, vos anciens élèves entrant directement aux arts et métiers ne pourront se confondre, se mêler aux autres admis ayant reçu une instruction plus théorique. Il est vrai qu'on pourrait opposer à cela que nos apprentis seraient bien supérieurs aux autres quand il s'agirait des travaux d'atelier; mais nous ne songeons nullement aux compensations possibles, sachant trop ce qu'engendre de difficultés pour les professeurs l'hétérogénéité des classes.

Aussi bien notre idée de relation directe entre les deux catégories d'établissement ne va-t-elle pas sans une autre. Nous demanderions, en effet, que l'examen d'entrée aux arts et métiers fût profondément modifié, sans que le but final de ces écoles le fût lui-même.

Si nous admettons des élèves plus forts en pratique, n'ayant plus tout à apprendre sous le rapport du travail manuel, il nous sera aisé de concevoir des cours théoriques plus nombreux dans ces écoles mêmes. Au lieu de passer sept heures par jour aux ateliers, les élèves des arts et métiers n'y seraient appelés que quatre ou cinq et pourraient recevoir deux ou trois heures de plus de leçon.

Le résultat final serait le même et on y trouverait même cet avantage d'avoir, à la fin des études, des élèves sachant tous parfaitement travailler, d'autant plus attachés au travail manuel qu'ils l'auraient pratiqué de meilleure heure, avec le désir bien ardent de s'en servir pour gagner leur vie. Il semblerait dès lors, par ce système de relation, que les écoles pratiques d'industrie ou toutes celles qui donnent une intensité égale aux travaux pratiques fussent les seules désignées pour préparer aux arts et métiers.

C'est, en effet, ce que nous n'hésitons pas à reconnaître comme indispensable.

Ce bouleversement n'est-il pas d'ailleurs dans l'ordre naturel des choses ? Est-ce que la situation des écoles d'arts et métiers n'est pas modifiée par l'existence même des écoles pratiques d'industrie ?

Il suffit de voir ce qu'étaient les écoles d'arts et métiers à leur origine. N'étaient-elles pas créées surtout pour former de bons ouvriers et des contremaîtres ? Certes, le côté théorique n'était pas exclu des préoccupations des fondateurs ; mais on peut affirmer que, prenant naissance de nos jours, ces établissements auraient dû tenir compte des résultats des écoles pratiques.

Cette situation nouvelle impose donc des obligations nouvelles.

Nous croyons fermement qu'en recevant tous les ans les meilleurs élèves des écoles pratiques ou des écoles similaires, avec un examen d'entrée correspondant aux matières enseignées dans ces écoles, en attachant surtout une importance capitale aux exercices manuels dans cet examen, il serait aisé d'établir des programmes constituant aux arts et métiers une suite naturelle et donnant les meilleurs résultats. On peut en tout cas affirmer que le travail à l'atelier, le stage, si indispensable au contremaître, ne répugnerait plus à aucun élève sortant et que la plupart débuteraient volontiers à l'étau ou à l'établi.

Il y aurait peut être un peu moins d'ingénieurs ; mais les ouvriers, les contremaîtres ingénieux, ceux qui, faisant revivre les anciennes traditions des écoles nationales, alimenteraient le petit état-major de l'industrie, deviendraient de plus en plus nombreux et ce n'est certes pas l'industrie qui s'en plaindrait.

Il est inutile de montrer que, par cette union directe entre les deux degrés d'enseignements, union d'autant plus facile à réaliser que ces deux enseignements sont entre les mains du même grand maître, le ministre du commerce, on réduirait à zéro les non-valeurs des écoles préparatoires. L'élève moyen irait tout droit comme ouvrier dans l'industrie, l'élève supérieur y entrerait aussi un jour, après les arts et métiers, et y deviendrait plus vite un gradé, un chef.

Si séduisante que nous paraisse cette manière de voir, nous n'avons pas d'illusion sur son sort et nous nous inclinons en raison même du bouleversement que demanderait sa réalisation.

C'est pourquoi nous examinerons un autre mode moins radical.

Nous concevrions toujours la nécessité de faire suivre aux élèves des écoles pratiques leur complète scolarité de trois ans, car nous estimons qu'il ne faut rien sacrifier à ce principe. Les meilleurs élèves diplômés, désignés par M. le ministre, seraient envoyés après leurs trois années d'études normales dans deux ou trois écoles pratiques, organisées à cet effet, et constitueraient une, deux ou trois sections préparatoires aux arts et métiers. Ainsi se grouperaient une trentaine d'élèves par section, élèves de force à peu près égale, présentant les mêmes dispositions, sinon les mêmes aptitudes, et convoitant avec le même désir le but à atteindre.

Au lieu de ces sections préparatoires, éparses, presque aussi nombreuses que les écoles, peu peuplées, absorbant des efforts multiples et vains, on se trouverait en face de 7 ou 8 sections, riches en élèves choisis, rigoureusement choisis, absorbant tous les sacrifices consentis en leur faveur. Nous parlons de sacrifices. Il faudrait, en effet, en demander de nouveaux à l'État ou aux communes.

Mais serait-il si difficile de trouver les quelques ressources nécessaires à cette organisation ? Ne pourrait-on, par exemple, distraire une partie des bourses déjà créées pour les écoles pratiques et les attribuer à ces élèves candidats ?

Il n'entre pas dans notre pensée de régler par le menu cette question de détail, mais nous devons ajouter que la limite d'âge devrait être forcément reculée pour ces candidats spéciaux, afin que certains élèves, entrés à 14 ans à l'école pratique, fussent en situation de faire leur préparation jusqu'à 18 ans au moins.

On nous fera certainement remarquer que la question du recrutement des écoles d'arts et métiers ne présente rien de bien inquiétant, puisqu'il s'offre tous les ans, pour chaque école, 8 ou 9 candidats pour un ; que, d'ailleurs, les élèves admis satisfont à toutes les conditions exigées pour faire leurs nouvelles études et qu'ils fournissent à l'industrie des sujets estimés. On nous dira même que les progrès scientifiques, dont bénéficient sans cesse les applications industrielles, élèvent sans cesse aussi le niveau des connaissances théoriques à acquérir et que, par suite, mieux vaut rechercher, pour les écoles d'arts et métiers, des candidats plus instruits que bons ouvriers et que, à l'encontre de ce que nous proposons, il faudrait peut-être augmenter les difficultés de l'examen au lieu de les diminuer.

Nous admettrions ces arguments si nous considérions les écoles d'arts et métiers comme des pépinières d'ingénieurs ou si nous nous arrêtions à cette idée que, progressivement, les écoles nationales dussent s'élever au niveau scientifique des plus grands établissements existants.

Or, cela se proclame hautement dans l'industrie : ce n'est pas l'ingénieur qui manque le plus, c'est autre chose, c'est l'intermédiaire entre l'ingénieur et l'ouvrier et c'est cet intermédiaire qui doit venir des arts et métiers, comme c'est l'ouvrier qui doit venir des écoles pratiques. Les intérêts de l'industrie ne s'opposent donc pas à la modification que nous étudions.

Il nous reste à examiner les bienfaits qu'on pourrait en retirer.

L'intérêt le plus direct serait d'abord de laisser aux écoles pratiques leur caractère d'écoles d'ouvriers, de les laisser s'attacher aux études pratiques pour tous les élèves sans exception, qu'ils se destinent ou non à faire plus tard des études plus élevées.

Au lieu de ces préparations artificielles que font beaucoup de candidats et que, malgré leur grande compétence, les examinateurs ne peuvent pas toujours déceler, on aurait des préparations soignées, faites de longue main et offrant l'immense avantage de fournir des élèves sérieux, ayant un fond cultivé et cultivable et des connaissances pratiques convenables.

L'ouvrier qui, sans fortune, ne peut actuellement prétendre à une situation supérieure pour son fils, trouverait là une satisfaction de plus et nous n'assisterions plus à ce phénomène trop fréquent d'enfants arrêtés dans leur course par la pauvreté des leurs.

Et quelle émulation pour nos élèves lorsqu'ils sauraient qu'avec un travail soutenu une autre école s'ouvre devant eux, plus grande et d'avenir meilleur ! Cette aspiration de quelques-uns vers des cimes plus hautes entraînerait l'ensemble pour le plus grand bien de nos écoles.

Avec la situation actuelle, c'est-à-dire avec la forme des écoles pratiques d'industrie, d'une part, et le mode de recrutement des écoles d'arts et métiers, d'autre part, nous devons dire à nos apprentis : « Vous n'irez pas plus loin », ou bien dire à ceux dont l'ambition plus élevée se manifeste dès l'école primaire : « Allez à l'école primaire supérieure, on vous y préparera mieux qu'ici aux arts et métiers. »

N'est-ce justement pas le langage contraire qu'il faudrait tenir ?

Cette situation peut-elle persister ? N'est-elle pas préjudiciable à l'intérêt même des écoles pratiques ? Il nous serait trop facile de le démontrer, s'il s'agissait de fournir des exemples particuliers ; mais nous voulons rester dans le domaine des considérations générales et terminer par celle-ci qui primera peut-être toutes les autres aux yeux de nos lecteurs.

L'enseignement primaire, avec sa suite naturelle dans l'enseignement primaire supérieur, présente toute une série d'échelons que l'on peut gravir successivement sans discontinuité. L'enseignement secondaire se relie parfaitement avec les divers ordres d'enseignement supérieur, seuls les enseignements techniques ne peuvent se pénétrer.

Ne serait-il pas logique qu'on pût aller du 1er degré (écoles pratiques) au degré moyen (écoles d'arts et métiers) et au degré supérieur (école centrale) ?

Ne verrait-on pas dès lors un véritable courant se porter du côté des écoles techniques en déchargeant d'autant le flot qui charrie tant de naufragés des études classiques? Et quel mal y aurait-il à sortir de l'École centrale après avoir acquis la pratique d'une profession ?

Certains pays ne procèdent-ils pas de la sorte et ne font-ils pas des ingénieurs praticiens ?

Nous ne saurions, sans dépasser les limites forcées d'un article, développer ici tous les arguments d'ordre social et d'ordre scolaire que comporterait une telle question. Nous avons eu surtout le désir de montrer ce que l'on pourrait faire en faveur des écoles pratiques d'industrie dont l'existence n'est pas plus menacée que celle des arts et métiers, mais auxquelles il faut donner des sanctions, qu'il faut rehausser dans l'opinion publique, en les faisant rechercher aussi bien par l'enfant du pauvre que par celui du riche, en permettant aux intelligences d'émerger, de s'élever et de produire : en un mot, en fournissant à ces établissements le moyen de donner le maximum d'effet utile.

A. BONNET,
Directeur de l'école pratique d'industrie de Montbéliard.

LÉGISLATION

Épreuve des armes à feu. — Deux *Décrets du 7 novembre 1895* ont autorisé les chambres de commerce de *Paris* et de *Saint-Étienne* à administrer un banc public d'épreuve pour les armes à feu. Les statuts destinés à régir ces bancs d'épreuve ont été publiés au Journal officiel du 10 novembre 1895.

Travail industriel dans les ouvroirs. — Le ministère du commerce a adressé à un inspecteur divisionnaire, le 31 juillet 1895, et vient de publier la circulaire suivante :

« Vous m'avez demandé si la directrice d'un ouvroir pouvait être admise à bénéficier des tolérances prévues par le décret du 15 juillet 1893. — J'estime que la nature même des ouvroirs ne permet pas de s'appuyer sur les motifs de surproduction que peuvent invoquer les ateliers de couture pour réclamer le bénéfice des dispositions du décret précité et qu'il n'est pas possible de leur accorder les mêmes faveurs qu'à ces derniers. »

Tribunaux de commerce. — Un *Décret du 26 novembre 1895* a porté de huit à dix le nombre des juges suppléants du tribunal de commerce de *Lyon*.

Institution d'un comité des travaux publics coloniaux. — Aux termes d'un *Décret du 22 novembre 1895*, « il est institué au ministère des colonies, sous la présidence de l'inspecteur général, directeur des travaux publics des colonies, un comité des travaux publics chargé de donner son avis sur les affaires concernant les travaux publics des colonies, et notamment sur les projets de constructions et de concessions intéressant les chemins de fer, les travaux à la mer et en rivières, la navigation et les constructions navales, les mines et les bâtiments civils ».

Ce décret, qui figure au Journal officiel du 23 novembre, règle la composition et le fonctionnement du comité.

Taxes des colis postaux pour le Chili, le Canada, etc. — Aux termes d'un *Décret du 19 novembre 1895* et à partir du 1er décembre, les taxes à percevoir pour l'affranchissement des colis postaux à destination du Chili (voie directe), du Canada, des îles Cook, de Hawaï (îles Sandwich), du Natal, du Zululand et du protectorat allemand de l'Afrique du Sud-Ouest, sont perçues, en ce qui concerne les colis expédiés de France, d'après le tarif ci-après (non compris le droit de timbre de dix centimes) :

PAYS DE DESTINATION.	VOIE DE TRANSMISSION.		TAXES.
Chili	Voie directe de France et des paquebots anglais (5 kilogr.)		4f » c
Canada	Voie de France et de Calais-Londres.	Jusqu'à 1k,360	2 60
		De 1k,360 à 3 kilogr.	4 75
		De 3 kilogr. à 5 kilogr	6 90
Iles Cook	Voie de France et de Calais-Londres.	Jusqu'à 1k,360	4 »
		De 1k,360 à 3 kilogr.	7 75
		De 3 kilogr. a 5 kilogr.	11 50
Hawaï (îles Sandwich)	Voie de France et de Calais-Londres.	Jusqu'à 1k,360	4 50
		De 1k,360 à 3 kilogr.	9 25
		De 3 kilogr. à 5 kilogr.	14 25
Natal et Zululand	Voie de France et de Calais-Londres.	Jusqu'à 1k,360	1 75
		De 1k,360 à 3 kilogr.	8 25
		De 3 kilogr. à 5 kilogr.	12 50
Protectorat allemand de l'Afrique du Sud-Ouest.	Voie d'Allemagne (5 kilogr.)		7 40

Taxes télégraphiques. — Un *Décret du 19 novembre 1895* a modifié dans les conditions suivantes la taxe des télégrammes remis par exprès :

« La taxe de l'exprès pour la remise des télégrammes est de : 50 centimes pour le premier kilomètre ; 30 centimes pour chacun des kilomètres suivants.

— Elle est calculée, par kilomètre indivisible, sur la distance réelle. Cette distance se compte, pour les habitations agglomérées, du bureau d'arrivée au centre de l'agglomération, et, pour les habitations isolées, du bureau d'arrivée au lieu même de distribution. — Les dispositions du présent décret seront appliquées à partir du 1er janvier 1896. — Sont abrogées les dispositions contraires au présent décret, notamment celles de l'article 88 du décret du 12 janvier 1894. »

Taxe des envois de valeurs au Chili. — Aux termes d'un *Décret du 24 novembre 1895* et à partir du 1er décembre, il peut être expédié à destination de la république du Chili des lettres contenant des valeurs-papiers déclarées et des boîtes contenant des bijoux et objets précieux déclarés avec garantie du montant de la déclaration. — La taxe d'affranchissement des lettres et des boîtes de valeurs déclarées pour le Chili devra être acquittée, en timbres-postes, par l'expéditeur, et se composera : pour les lettres, du port et du droit fixe applicables à des lettres recommandées pour la même destination et d'un droit proportionnel d'assurance qui, pour la correspondance expédiée de France ou d'Algérie, est de 0 fr. 35 c. par somme de 300 fr. déclarée ; pour les boîtes, du port (2 fr. 50 c. pour les envois faits de France ou d'Algérie) et du même droit proportionnel d'assurance que pour les lettres. — Les dispositions des articles 2, 3, 5, 6, 7, 8, 9, 10 et 11 du décret du 27 juin 1892 sont applicables aux lettres et boîtes de valeurs déclarées à destination ou provenant de la république du Chili.

Primes à la marine marchande. — « La question s'est posée de savoir si les primes à la construction, prévues par la loi du 30 janvier 1893, pouvaient être accordées aux bâtiments construits par l'industrie privée pour le compte de l'État ou des administrations publiques.

Cette question ayant été résolue par la négative, les divers départements ministériels ont donné des ordres pour que le service des douanes soit désormais officiellement informé de la mise en chantier de tout bâtiment commandé à l'industrie privée par l'État ou les administrations publiques. Il a été entendu de plus que l'on stipulerait à l'avenir dans chaque marché que la construction projetée sera exclue du bénéfice de la prime, afin que les intéressés ne puissent pas élever de réclamation ni prétexter l'ignorance où ils auraient été tenus à cet égard. » (*Circulaire des douanes du 17 octobre 1895.*)

Déchets de fabrication des sucres coloniaux. — « Aux termes de l'article 2, § 1er, de la loi du 13 juillet 1886, les sucres des colonies françaises expédiés à destination de la métropole ont droit à un déchet de fabrication égal à la moyenne des excédents de rendement obtenus par la sucrerie indigène pendant la campagne précédente. Cette moyenne ayant été de 21.73 p. 100 pendant la campagne 1894-1895, c'est un déchet de 21.73 p. 100 qui doit être accordé aux sucres des colonies françaises expédiés à destination de la métropole du 1er septembre 1895 au 31 août 1896. » (*Circulaire des douanes du 18 octobre 1895.*)

Régime des importations tunisiennes en France. — En exécution de l'article 5 de la loi du 19 juillet 1890, un *Décret du 26 novembre 1895* a fixé à 15 millions de litres la quantité d'huile d'olive et de grignon, d'origine et de provenance tunisiennes, qui pourra être admise à l'entrée en France, du 1er décembre 1895 au 30 novembre 1896, dans les conditions de la loi susvisée.

***

Régime douanier des peaux brutes. — « On importe dans divers pays d'Europe et notamment en Angleterre, pour y être abattus, des bestiaux vivants, d'origine extra-européenne. La question s'est élevée de savoir si les peaux brutes qui proviennent de ces animaux doivent être considérées, à l'entrée en France, comme des peaux européennes ou bien si elles restent soumises aux conditions résultant de leur origine primitive. Appelé à émettre un avis à ce sujet, le Comité consultatif des arts et manufactures a déclaré que l'abatage, loin de faire passer la peau dans une catégorie du tarif plus imposée, a, au contraire, pour effet d'affranchir celle-ci du droit de douane dont elle est passible lorsque l'animal est importé sur pied. Le Comité a fait remarquer, d'autre part, que les peaux des animaux extra-européens sacrifiés en Europe ne subissent, en réalité, du fait de l'abatage, aucune transformation dans leur nature et leur consistance et qu'elles ne peuvent, dès lors, qu'être considérées comme ayant conservé leur individualité d'origine. Dans ces conditions, il a proposé d'appliquer la surtaxe d'entrepôt aux produits dont il s'agit. Cet avis a été ratifié par les départements ministériels compétents. » (*Circulaire des douanes du 22 novembre 1895.*)

***

Taxe d'exportation sur les phosphates de chaux algériens. — Nous avons mentionné dans le numéro de *novembre* (p. 510) le décret du 12 octobre 1895, portant réglementation de l'exploitation des phosphates de chaux en Algérie. Ce décret établissait (art. 14) un droit de 50 centimes par tonne sur les phosphates expédiés hors de la colonie à toutes destinations, et, en exécution de l'article 15, le gouverneur général de l'Algérie a pris le 19 octobre un arrêté aux termes duquel le service des douanes est chargé du recouvrement de la nouvelle taxe.

« La perception aura lieu au moment de l'exportation des produits. Les poids portés sur les passavants ou sur les déclarations de sortie pourront être admis au vu des lettres de voiture, connaissements, bulletins d'extraction, factures, etc... Si le service des douanes éprouvait des doutes sur l'exactitude des déclarations, il procéderait à la vérification, soit par des pesées d'épreuve, soit par le cubage. — Chaque perception donnera lieu à la délivrance d'une quittance revêtue du timbre administratif de 5 ou 25 centimes, selon le cas. » (*Circulaire des douanes du 26 octobre 1895.*)

***

Justification des taxes douanières acquittées par les commissionnaires. — « Le commerce s'est fréquemment plaint de ne pouvoir se rendre compte des frais divers de douanes que lui réclament les commissionnaires pour les opérations faites par leur entremise. On a demandé que le service des douanes fût tenu de délivrer une quittance spéciale par destinataire pour tous les acquittements effectués par ces intermédiaires, @ on a fait valoir, d'ailleurs, que la mesure profiterait tout à la fois au Trésor, qui encaisserait des droits de timbre, permis, etc., plus considérables, et aux redevables, qui auraient ainsi le moyen de vérifier l'exactitude des débours dont on leur demande le paiement. Le procédé indiqué serait sans doute fort simple; mais, dans l'état actuel de la législation, et spécialement en ce qui concerne les importations par mer, l'administration manque du moyen légal d'exiger une déclaration par destinataire effectif, base de la délivrance, après liquidation, d'une quittance par destinataire. — Les intérêts invoqués paraissant dignes d'être pris en sérieuse considération, l'administration vient de mettre la question à l'étude. En attendant une solution, elle a autorisé les chefs de service à rappeler aux destinataires qui formuleraient des réclamations à ce sujet qu'ils ont le droit de demander à leur mandataire la production de la quittance des taxes de douanes payées pour leur compte, et à les prévenir que, dans le cas où les commissionnaires objecteraient qu'ils n'ont à leur disposition qu'une quittance collective, ils peuvent les obliger à fournir un certificat de la douane constatant le montant des sommes acquittées pour la mise à la consommation de leurs marchandises. » (*Circulaire des douanes du 26 novembre 1895.*)

Contrôle des chemins de fer. — Un *Arrêté ministériel du 26 octobre 1895*, remplaçant les arrêtés des 20 juillet 1886, 20 mai et 20 juin 1893, et inséré au Journal officiel du 4 novembre 1895, règle le fonctionnement du contrôle des chemins de fer et notamment le service des contrôleurs-comptables.

Renseignements dus au public par les commissaires de surveillance administrative des chemins de fer. — À la suite de réclamations qui lui ont été adressées, le ministre des travaux publics vient de rappeler aux commissaires de surveillance administrative que, disposant des règlements et des livrets de marche des trains, ils doivent considérer comme « l'un de leurs premiers devoirs de fournir aux voyageurs tous les renseignements dont ils ont besoin pour éclaircir un point de fait au sujet duquel ils sont en contestation avec les agents des compagnies. Ce n'est que dans le cas où l'accord ne peut s'établir que le commissaire doit engager le voyageur, selon le cas, à déposer sa réclamation sur le registre de la gare, ou à adresser une demande écrite à l'administration supérieure. » (*Circulaire ministérielle du 18 novembre 1895.*)

Péages maritimes. — Aux termes d'un *Arrêté* du ministre du commerce, en date *du 8 novembre 1895*, « les compagnies de navigation à vapeur dont les bateaux font régulièrement escale dans le port de *Cannes* n'acquitteront la taxe de 35 centimes, instituée par la loi du 10 décembre 1891, que sur les marchandises effectivement embarquées ou débarquées (35 centimes par tonne de 1,000 kilogr. de marchandises) ».

ENSEIGNEMENT TECHNIQUE

Certificat pour l'enseignement de la comptabilité dans les écoles primaires supérieures. — Aux termes d'un *Arrêté* du ministre de l'instruction publique, en date du *15 novembre 1895* « une session d'examen pour l'obtention du certificat d'aptitude à l'enseignement de la comptabilité dans les écoles normales et dans les écoles primaires supérieures s'ouvrira, pour toute la France, le lundi 3 février 1896. Les candidats (aspirants et aspirantes) pourront se faire inscrire, à Paris, à la Sorbonne, et dans les départements, au bureau de l'inspecteur d'académie, jusqu'au 4 janvier 1896 ».

Résultats des concours pour les professorats techniques en 1895. — Nous donnons ci-dessous, comme l'an dernier (*V*. numéro de *novembre 1894*. page 567), les résultats des divers concours ouverts pour l'obtention du certificat d'aptitude aux professorats techniques dans les écoles pratiques de commerce ou d'industrie, ainsi que pour l'admission aux diverses Sections normales preparatoires :

CONCOURS (1895).	DATE d'ouverture des concours.	NOMBRE de candidats inscrits.	NOMBRE de candidats ayant effectivement concouru.	CANDIDATS admis.
Professorat industriel. { *Session normale*. . . .	29 juillet	13	13	11
{ *Session extraordinaire* .	14 octobre	7	5	3
Section normale préparatoire au professorat industriel[1].	»	»	»	»
Professorat commercial. { *Première session*. . . .	12 août	20	20	8
{ *Deuxième session* . . .	30 sept.	4	4	4
{ *Session extraordinaire* .	30 sept.	3	3	3
Section normale préparatoire au professorat commercial (*aspirants*) . .	9 août	26	23	4
Section normale préparatoire au professorat commercial (*aspirantes*) . .	9 août	5	5	2

1. Il n'y a point eu de concours en 1895.

Sujets donnés aux concours pour les professorats techniques en 1895 :

I. Concours d'admission aux sections normales préparatoires au professorat commercial (*aspirants et aspirantes*) :

Composition française. — Tracez un tableau succinct de la littérature française sous le règne de Louis XIV.

Composition de géographie. — Quelles sont les principales routes qui conduisent par terre ou par mer de l'Europe dans l'Extrême-Orient ? Quelles positions les grandes nations européennes occupent-elles sur ces routes ?

Composition d'arithmétique et d'algèbre. — I. Alliages et mélanges. — Donner la théorie des divers problèmes qui peuvent se présenter dans les alliages et les mélanges. — Théorie arithmétique. — Théorie algébrique facultative. — II. Un particulier partage son capital en 3 parties qui sont entre elles comme les nombres 2, 5 et 8. — La première partie est placée à 6 p. 100, la deuxième à 5 p. 100 et la troisième à 4 p. 100. Il retire pour cette dernière partie 1,400 fr. d'intérêt annuel. Quel est le capital ? (Faire ce problème par l'arithmétique et par l'algèbre.)

II. Concours pour l'obtention du certificat d'aptitude au professorat commercial [1] (1re session) :

Exercice de correspondance commerciale. — M. Enfer, de Lyon, a vendu à M. Rameau, de Limoges :

Référence :   512   60 mètres soierie à 4 fr. 25 le mètre.
              634   102   —   —   3 fr. 75   —
              389   74   —   —   5 fr. 15   —

L'expédition est faite en trois colis marqués R M 1 à 3, par chemin de fer, petite vitesse, le 17 juillet. La facture est payable à 30 jours, non compris le mois de vente, avec escompte de 2 p. 100. — Faire la lettre par laquelle M. Enfer donne avis d'expédition et informer en même temps M. Rameau qu'il sera tiré traite sur lui à (indiquer la date). Joindre à la lettre la facture d'expédition.

Composition de comptabilité. — Romain, de Tours, a vendu, le 8 juin, à Crozat, de Blois : 1,000 mètres drap à 6 fr. 70 c. le mètre, payable à 30 jours, non compris le mois de vente : escompte 2 p. 100. Pour se couvrir du montant de cette facture, Romain tire sur Crozat une lettre de change au 31 juillet. Il remet cette lettre de change à Bonnet, banquier à Tours, qui la lui escompte au taux de 4 p. 100, change 1/8, commission 1/4. — Établir *la facture, la lettre de change* à l'ordre de Bonnet, acceptée par Crozat et *le bordereau d'escompte.* Passer écritures au journal de Romain.

---

1. Les principaux sujets des leçons orales pour le certificat d'aptitude au professorat commercial ont été les suivants :

Leçons de géographie : I. Vous ferez à des élèves de deuxième année d'une école pratique de commerce la leçon que le programme officiel indique dans les termes suivants : situation, limites, forme, dimensions et superficie du territoire français ; avantages que la France doit à sa position et à sa configuration. — II. L'empire colonial hollandais. — III. La Sibérie. — IV. Les nouvelles colonies de l'Allemagne et de l'Italie. — V. La Hollande. — VI. La France agricole. — VII. Donner à des élèves de deuxième année une idée générale de la constitution et du relief du sol français. — VIII. Le Brésil.

Leçons de législation : I. Du gage commercial et des warrants. Historique, législation actuelle. — II. Des nullités résultant du jugement déclaratif de faillite (art. 443 et suiv. du Cod. de com.). — III. Des droits du porteur d'une lettre de change. — IV. Des personnes incapables de faire le commerce ; de celles qui peuvent être habilitées à faire le commerce, conditions et effets de cette habilitation. — V. Des brevets d'invention. Nature du droit consacré au profit de l'inventeur. Critiques contre la législation actuelle. Systèmes proposés pour la remplacer. — VI. Des sociétés par intérêt et des sociétés par actions. Traits qui les distinguent. Historique des sociétés par actions. — VII. Des théories relatives aux risques professionnels c'est-à-dire du droit à une indemnité pour l'ouvrier victime d'un accident du travail. De l'assurance

Composition d'arithmétique commerciale. — I. 1° Théorie complète de l'escompte :
1) en dehors ; 2) en dedans ; 3) à intérêts composés. — 2° A étant la valeur nomi-
nale d'un billet ; C sa valeur actuelle ; n son échéance ; D le diviseur correspondant
au taux ; r l'intérêt de 1 fr. pendant une période (pour l'intérêt composé), donner,
pour l'intérêt simple, la valeur de chacune de ces quantités en fonction des 3 autres ;
pour l'intérêt composé, la valeur de C en fonction de r, n, A. — II. Un négociant
doit à Amsterdam une somme de 100 fl. comptant. Pour payer cette somme, dire
combien il dépensera, sachant qu'il achète du papier sur Amsterdam à 1 mois d'é-
chéance, que la cote d'Amsterdam papier court est 205 fr., et que l'escompte de la
place d'Amsterdam est 2 1/2 et à Paris de 4 p. 100.

Composition française. — Rappeler les progrès des nations européennes dans l'Extrême-Orient depuis environ un demi-siècle. En faire ressortir les conséquences au
point de vue économique.

<hr>

III. Concours pour le certificat d'aptitude au professorat commercial (2ᵉ session) :
Leçon de géographie en anglais. — Les principales industries du Royaume-Uni,
d'Angleterre et d'Irlande.

Leçon de géographie en anglais. — L'Inde anglaise (le candidat insistera particulièrement sur ce qui se rapporte à la question économique).

Leçon de géographie en allemand. — Valeur économique de l'empire colonial allemand en Afrique ; ses chances de développement.

Leçon de géographie en allemand. — Étudier, par des inductions tirées de la géographie physique, les chances de développement économique de l'île de Madagascar.
En déterminer les richesses agricoles, industrielles, les moyens naturels de communication. Montrer quelles ressources on devra surtout développer pour éviter la concurrence de la métropole et des autres colonies françaises.

<hr>

IV. Concours pour le certificat d'aptitude au professorat commercial (en une
seule session extraordinaire) :
Exercice de correspondance commerciale. — M. Rameau, de Limoges, a reçu le 20

<hr>

obligatoire contre les accidents. — VIII. Des syndicats professionnels. Historique.
Rôle. Avenir possible.

Leçons sur l'arithmétique commerciale : I. Escompte. Théorie complète de l'escompte
en dehors, en dedans. Principaux problèmes de l'escompte. Échéance commune,
échéance moyenne. — II. Billets équivalents. Échéance commune, échéance moyenne
dans les deux escomptes en tenant compte de l'intérêt composé. Règle conjointe.
Expliquer cette règle. Application à un exemple de change direct. — III. Expliquer
la cote de Paris. Dire comment on se sert de cette cote pour acheter, par exemple,
des Fl. P. B. à deux mois pour payer à Amsterdam 100 Fl. eff. à un mois, à trois
mois. Exemples : avec la cote Amsterdam, papier court, papier long. Établir la conjointe. Parité entre deux places. — IV. Intérêts simples. Méthode du diviseur. Des parties aliquotes. Méthode des Anglais. Indiquer la méthode pratique. — V. Valeur intrinsèque de l'or, valeur au tarif, valeur commerciale. Cote des métaux précieux.
Rapport de l'or à l'argent dans les monnaies en France, en Angleterre. Rapport
commercial. — VI. Partages proportionnels, directs, inverses. Règle de société. Intérêts composés. Établir la formule. Escompte. Escompte en dedans, en dehors, à intérêts composés. — VII. Examiner les deux modes d'escompte. Établir la valeur de
la différence des escomptes en dehors et en dedans pour un même billet. Valeur
actuelle d'un billet en tenant compte de l'intérêt composé. Valeur de l'escompte. —
VIII. Alliages : définitions, titre d'un alliage, métal précieux contenu dans un alliage.
Solution des principaux problèmes d'alliages. Alliage. — IX. Partages proportionnels
et inversement proportionnels à des nombres donnés. Règle de société. — X. Bourse,
achat et vente de valeurs, au comptant, à terme. Liquidation. Report en liquidation
du vendeur, de l'acheteur. Opérations à prime. Représentation graphique des opérations à terme. — XI. Change direct. Payer d'une place à une autre par le change
direct. Remettre, faire tirer.

juillet une expédition de soierie qui lui a été faite le 17 par M. Enfer, de Lyon. La facture comprend :

Marques.	Références.						
R M 1 :	f° 512	60 mètres soierie à 4 fr. 25 le mètre 255 »					
R M 2 :	634	102 —	—	3 fr. 75	—	382,50	
R M 3 :	389	74 —	—	5 fr. 15	—	381,10	1,018,60.

Escompte 2 p. 100   20,35.
Ret. Valeur fin août   998,25.

M. Rameau reconnaît ses marchandises à l'arrivée et, en vérifiant sa facture, constate l'erreur suivante :

Les 60 mètres référence 512 auraient dû être facturés à 5 fr. 15 c. et les 74 mètres, référence 389, à 4 fr. 25 c.

1° Informer M. Enfer de l'erreur commise, lui demander rectification et lui faire remarquer que les conditions demandées sont 90 jours net et non 2 p. 100 à 30 jours. — 2° Faire la facture rectifiée.

Composition de comptabilité. — 1° *Livre de magasin :* Un magasinier reçoit dans son magasin des bougies de différentes marques et de diverses qualités et longueurs dans chaque marque. Il reçoit également des savons de marques et de qualités différentes. Son livre de magasin doit indiquer constamment les existants dans chaque article. Donner un tracé de livre de magasin constatant les entrées, les sorties et les existants. — 2° *Petit livre de caisse :* Donner un tracé de ce livre et indiquer dans quels cas il doit être employé. — 3° Le *brouillard* étant supprimé, par quels livres doit-il être remplacé ?

Arithmétique commerciale. — Valeur intrinsèque de l'or, valeur au tarif, valeur commerciale. Comment on donne la cote des métaux précieux. — Rapport de la valeur de l'or à celle de l'argent. Comment calcule-t-on ce rapport ? — Un oncle prescrit dans son testament que son héritage sera partagé entre ses trois neveux, proportionnellement à leurs âges qui sont respectivement de 3, 5 et 12 ans. Il se trouve que le second a 34,256 fr. de plus que le premier. Quelle est la part de chacun ? — Solution arithmétique obligatoire. Solution algébrique facultative.

Composition française. — Expliquer comment, dans les *Précieuses ridicules*, le *Misanthrope* et les *Femmes savantes*, Molière a poursuivi le même but qui est de peindre les travers de l'esprit de société et de conversation au xviie siècle.

RENSEIGNEMENTS COMMERCIAUX

La récente convention de commerce avec la Chine. — Dans le projet de loi demandant au Parlement la ratification de la convention de délimitation et de la convention de commerce conclues entre la France et la Chine le 20 juin 1895, le Gouvernement expose comme il suit les objets et les avantages de cette dernière convention :

« Elle ne concerne pas seulement la partie occidentale de la frontière sino-annamite ; elle introduit, dans le régime établi par les actes de 1886 et 1887, des additions ou des modifications, dont l'expérience de ces dernières années avait démontré l'opportunité et dont il serait difficile de contester la valeur pratique.

C'est ainsi que l'article premier reconnaît au Gouvernement de la République le droit d'entretenir un agent d'ordre consulaire à Tong-Hing, vis-à-vis de Mon-

Cay, en vue d'assurer l'ordre et la police aux confins du Kouang-Tong. Cet article prévoit, en outre, l'adoption d'un règlement, concerté entre les autorités françaises et chinoises, pour déterminer les mesures communes de police qu'il conviendra d'appliquer dans les zones limitrophes. Ces stipulations ont reçu déjà un commencement d'exécution : l'administration du Tonkin et la vice-royauté de Canton viennent d'arrêter les termes d'un accord conforme à nos vues et dont il est permis d'espérer les meilleurs effets, pour la répression du brigandage et de la piraterie.

L'article 2 porte que la ville de Ho-Kéou est substituée à celle de Man-Hao, comme point ouvert au commerce, sur la route fluviale de Lao-Kaï à Mongtze, et comme résidence d'un agent relevant du consulat de France à Mongtze. Cette disposition est motivée par le fait que les opérations de la douane chinoise s'effectuent à Ho-Kéou et non à Man-Hao, et que, d'autre part, cette dernière localité a été reconnue malsaine et presque inhabitable pour les Européens.

Par l'article 3, la ville de Sse-Mao est déclarée ouverte au commerce franco-annamite. Il est en outre convenu que le Gouvernement de la République y établira un consulat et que le Gouvernement chinois y entretiendra une agence des douanes. Le même article détermine les voies de communication fluviales et terrestres par lesquelles se fera le trafic, notamment le Mékong, le Loso, et la route mandarinale qui, de Mong-Lé et de I-Pang, se dirige vers la préfecture de Pou-Eul. L'ouverture de Sse-Mao au commerce franco-annamite confère à nos établissements d'Indo-Chine un avantage des plus importants. La position de cette ville dans le bassin supérieur du Mékong permet, en effet, de la considérer comme la route du Yunnan occidental et comme le point de concentration naturel des voies qui semblent destinées à relier, un jour, l'Annam et le Laos au centre de la Chine méridionale.

L'article 4 modifie le régime de transit établi par les conventions de 1886 et de 1887, de façon à assurer le rôle et la fonction de l'Annam et particulièrement du fleuve Rouge, comme la route la plus rapide et la plus économique du commerce international avec le sud de la Chine.

L'article 9 de la convention du 25 avril 1886 disposait, en son paragraphe 2, que les marchandises chinoises, exportées par la frontière du Tonkin et réexpédiées ensuite, par voie de mer, dans un des ports ouverts de la Chine, seraient assimilées à des marchandises étrangères et devraient acquitter (sans préjudice des droits de transit et d'exportation déjà payés à leur sortie) un nouveau droit entier d'importation, conformément au tarif général de la douane maritime. Cette exigence a eu pour conséquence de faire refluer les marchandises chinoises sur les routes de Canton et du Sse-tchouen, qu'elles trouvaient avantage à suivre, malgré la perception des droits dits de li-kin, privant ainsi le Tonkin d'un commerce de transit évalué à près de 18 millions. D'accord avec le Gouverneur général de l'Indo-Chine, notre négociateur a amené le Gouvernement chinois à souscrire aux stipulations suivantes : 1° les marchandises chinoises transitant d'une de nos frontières de terre à un port chinois, maritime et fluviale, payeront, à la sortie, le droit d'exportation réduit des 4|10, et, à la rentrée en Chine, le demi-droit de réimportation ; 2° les marchandises transitant de l'une à l'autre des quatre villes ouvertes au commerce sur la frontière, Long-tchéou, Mongtze, Sse-Mao et Ho-Kéou, acquitteront, à la sortie, le droit réduit des 4/10 et seront exemptées, à la rentrée, du droit d'importation ; 3° enfin, les marchandises transportées d'un port chinois, maritime ou fluvial, par la voie de l'Annam, vers l'une des quatre localités désignées ci-dessus, acquitteront, à la sortie, le droit entier. et, à l'entrée, un demi-droit de réimportation calculé sur la réduction de 4 10. Des facilités nouvelles sont ainsi introduites ; elles ne sont pas d'ailleurs exclusives des anciennes. et les exportateurs qui préféreraient le système des passes de transit à celui des certificats, seront maitres d'en obtenir l'application.

L'article 5 déclare que la Chine, pour ses mines du Yunnan, du Kouang-Si et et du Kouang-Tong, devra s'adresser d'abord à des industriels et ingénieurs français. A défaut du droit de préférence, que les traditions administratives de la Chine (d'autant plus fortes, en matière d'exploitation minière, qu'elles ont leur racine en d'antiques croyances) ne permettaient pas d'assurer à nos nationaux, cette disposition leur confère un titre d'antériorité que nous ne laisserons pas méconnaître. Le § 2 du même article pose le principe du prolongement sur territoire chinois des voies ferrées construites ou à construire en Annam. Il est superflu d'insister sur l'intérêt que cette stipulation est appelée à acquérir, pour l'avenir de nos possessions indo-chinoises.

L'article 6 est destiné à compléter la convention conclue à Tche-fou le 1er décembre 1888. de façon à assurer le raccordement des réseaux télégraphiques français et chinois entre Sse-Mao, Luang-Prabang et Laï-Chau.

L'article 7, inspiré de l'article 18 de la convention sino-birmane du 1er mars 1894, a pour but de spécialiser les avantages commerciaux consentis sur la frontière du Yunnan occidental en faveur des lignes commerciales et géographiques du Tonkin ; il les soustrait ainsi, autant que possible. à l'application générale de la clause de la nation la plus favorisée. »

Les tarifs douaniers italiens. — M. Lucien Salomon. fondateur et ancien président de la chambre de commerce française à Milan, nous a fait part de son intention de publier la traduction complète du *Répertoire général des douanes d'Italie*, et des lois, decrets, reglements concernant les taxes. surtaxes de frontière, taxes intérieures de fabrication, etc., qui le complètent. Il doit ajouter à ces documents le *tarif général de 1887* qu'il avait deja traduit precedemment, mais qui a eté considérablement modifié à differentes reprises et encore tout dernierement, ainsi que le *tarif conventionnel* avec toutes les stipulations particulières qui figurent aux protocoles y annexés.

Ce travail considérable formera un volume de mille à douze cents pages de texte, et sera mis en vente au prix de *six francs*. si l'auteur peut acquérir, au préalable, la certitude de couvrir les frais de l'édition, en recevant un nombre suffisant d'adhésions. Ces adhesions doivent être adressées à la chambre de commerce française, 5, via Brera. Milan.

Les fabriques de dentelles en France. — La fabrication mécanique du tulle et des dentelles, ecrivent les rapporteurs de la section des tissus à la commission des valeurs de douane, est une grande industrie aux prises avec deux grandes concurrences d'ordre différent. Calais. Caudry et Lyon sont en concurrence, d'une part, avec Nottingham qui fabrique les mêmes articles sur les mêmes métiers, et, d'autre part, avec Plauen et Saint-Gall qui imitent leurs produits par d'autres procédés. Depuis quelques années, plus particulièrement depuis trois ans, les produits brodés et brûlés de Saint-Gall et de Plauen ont emporté la faveur du public, et les fabriques d'imitation de dentelles ont souffert aussi bien à Nottingham qu'à Calais. Des efforts intéressants ont été faits soit à Calais, soit à Lyon, soit à Caudry, soit à Saint-Quentin, pour enlever à Plauen et à Saint-Gall le monopole des broderies brûlées. On a obtenu certains résultats et on doit avoir confiance dans l'avenir de cette industrie nouvelle en France....

Voici approximativement quel est l'outillage dont dispose l'industrie des tulles et des dentelles à la mécanique :

La fabrique de dentelles possède à Lyon environ 235 métiers, soit du type circulaire, soit du type *levers*, plus une cinquantaine de métiers brodeurs à pantographe du genre suisse. Elle occupe plus de 250 hommes et près de 3,000 femmes, parmi lesquelles on compte 2,000 brodeuses travaillant à la campagne. Dans une année mauvaise comme celle de 1894, sa production atteint 4 millions de francs, et les salaires qu'elle distribue s'élèvent à environ 1,400,000 fr. Les métiers à tulles unis, répartis dans les différentes usines de la région lyonnaise, sont au nombre d'environ 900. Leur production peut atteindre 11 millions de francs. Ils occupent environ 800 hommes et 5,000 femmes, dont 4,000 chenilleuses travaillant pour la plupart à la campagne. Ces ouvriers et ouvrières reçoivent environ 4 millions de francs de salaires.

À Calais, le nombre des métiers est d'environ 1,800, répartis dans 52 usines. Ils sont actionnés par environ 3,500 ouvriers dont le salaire varie de 6 à 7 fr. par jour. La fabrique de tulles et de dentelles de Calais emploie, de plus, 4,500 femmes et 1,500 enfants, qui gagnent en moyenne, les premières, 2 fr. par jour et les seconds, 1 fr. 25 c. Il convient d'y ajouter environ 1,800 employés, metteurs en carte ou comptables, apprêteurs, perceurs, metteurs en œuvre, mécaniciens, tourneurs, etc. ; plus environ 15,000 ouvrières affileuses, découpeuses, écailleuses, occupées dans les campagnes voisines de Calais. La production de Calais, qui avait atteint dans la période de 1880 à 1882 une moyenne de 110 millions de francs, est tombée, de 1886 à 1888, à 40 millions, pour se relever en 1894 à environ 60 millions de francs.

Caudry, qui est un centre de fabrication très important, compte 532 métiers, dont 367 du type *levers*. On y emploie environ 3,000 ouvriers et ouvrières, dont 1,000 ouvriers tullistes, 800 ouvriers employés dans les ateliers au dévidage, à l'ourdissage, au découpage et au pliage, 200 ouvriers apprêteurs et 1,000 ouvrières travaillant chez elles et occupées aux manutentions accessoires.

L'importation des jaunes d'œufs. — D'après les rapports de la Commission des valeurs de douane, les importations de jaunes d'œufs impropres aux usages alimentaires ont augmenté de 260,000 kilogr. et les exportations ont diminué de 37,000 kilogr. ; mais il convient de faire remarquer qu'on ne prépare que très peu de jaunes en France. L'œuf français est d'un prix trop élevé pour servir à cette fabrication : on n'y consacre que les œufs avariés ou cassés dans les transports.

La Russie est un des principaux pays d'importation de cet article. Les œufs de Russie sont envoyés en coquilles à Varsovie et à Cracovie, où ils sont cassés, puis les jaunes réexpédiés en France notamment. En 1894, il est arrivé plus de jaunes du Levant que les années précédentes, et le Tonkin en a importé en France une certaine quantité. Il paraîtrait même que le Tonkin renferme les éléments nécessaires pour suffire à toute la consommation française. Les jaunes de cette provenance sont faits avec des œufs de canards sauvages, que l'on trouve en quantité extrêmement abondante sur les bords des cours d'eau et dans les régions marécageuses. Il est arrivé du Tonkin en 1894 plus de 200 fûts de jaunes pesant chacun 100 kilogr.

Le commerce des vins de Champagne. — Nous extrayons d'un travail publié par la chambre de commerce de Reims le tableau suivant, qui indique, pour les cinq dernières années, l'importance du trafic des vins mousseux :

ANNÉES. (D'avril à avril.)	BOUTEILLES expédiées à l'étranger.	BOUTEILLES expédiées en France.	TOTAL.
1890—1891	21,699,111	4,077,083	25,776,194
1891—1892	19,685,115	4,558,881	24,243,996
1892—1893	16,600,678	4,487,535	21,088,213
1893—1894	17,359,349	4,876,518	22,235,867
1894—1895	16,129,374	4,908,281	21,037,655

Débouchés en Turquie. — Notre consul signale une fois de plus la décroissance de nos transactions avec Salonique et l'attribue d'une façon générale au prix trop élevé de nos produits. Les importateurs étrangers, mieux au courant des besoins de la place et plus entreprenants que nos fabricants, arrivent à fournir à des conditions plus avantageuses des articles similaires et qui, s'ils laissent à désirer sous le rapport du bon goût et de la solidité, n'en possèdent pas moins, en apparence du moins, des qualités suffisantes pour décider l'acheteur. Il n'est donc pas étonnant que les négociants de Salonique s'adressent de préférence à nos concurrents étrangers et s'approvisionnent d'articles a bon marché, qui sont d'une vente plus facile et sur lesquels le bénéfice à réaliser est plus grand.

Cependant, l'article français conserve toujours sa réputation de bonne qualité et, à prix égal ou même, dans certains cas, à un prix un peu supérieur, il peut avantageusement soutenir la concurrence. Il suffirait donc à nos fabricants, pour se maintenir sur le marché et même y trouver un débouché plus grand, de modifier légèrement leurs prix de fabrique. Les articles de provenance française qui pourraient particulièrement gagner à l'importation sont les suivants : les cotonnades, notamment l'article genre Jacquard, les rubans de soie ; la soierie, particulièrement l'article soie dorure, les nouveautés, les lainages; les chapeaux de feutre et de paille, les modes, les cuirs ; la quincaillerie, les outils pour artisans, les pointes de Paris ; l'article de Paris, l'orfèvrerie, la bijouterie en faux, le métal argenté pour table, les services en faïence ; les matériaux pour construction, le ciment, la chaux hydraulique, les produits chimiques et pharmaceutiques, les conserves alimentaires, les farines et les huiles.

Mais pour faciliter·le placement de leurs marchandises, il est indispensable, ajoute notre consul, que les exportateurs français se décident à envoyer, plus fréquemment et plus régulièrement que par le passé, à Salonique des commis voyageurs, porteurs d'échantillons, qui visiteraient les magasins pour prendre les commandes et se rendraient compte en même temps du prix et de la qualité des articles préférés par les acheteurs. En possession d'indications ainsi recueillies par leurs agents, les maisons françaises seraient à même d'apprécier, en connaissance de cause, l'avantage qu'elles auraient à fournir, dans les mêmes conditions, des articles semblables à ceux qui ont la faveur du public. Encore sera-t-il nécessaire à nos négociants et industriels, désireux de faire des opérations, d'avoir un commissionnaire pour les représenter à Salonique. On ne peut se dissimuler que la place est dangereuse et qu'il y aurait des risques à courir en se mettant en rapport direct avec le petit commerçant et le détaillant. Un commissionnaire honnête et actif donnera à ses mandants des renseignements utiles, leur transmettra des commandes bien détaillées ; à l'arrivée des marchandises, il effectuera le retrait en douane, évitant ainsi les frais de magasinage, particulièrement élevés en Turquie ; enfin, si, comme on doit toujours le craindre, des contestations viennent à se produire de la part de l'acheteur, il sera là pour les réfuter.

En ce qui concerne les recouvrements, il semble préférable de les faire opérer par l'intermédiaire des banques. Le client, en effet, a généralement à cœur de s'acquitter vis-à-vis d'une banque, lorsqu'il montre moins de scrupules pour faire attendre un particulier.

Les développements de l'industrie japonaise. — Analysant une étude que vient de publier sur l'avenir de l'Asie orientale M. de Brandt, ancien ministre d'Allemagne à Pékin, le ministre de Belgique, dans la même capitale, constate que le développement extraordinairement rapide du commerce et de l'industrie au Japon peut être attribué à l'esprit industrieux de la nation, à l'abondance des capitaux, qui a permis aux Japonais de se procurer des machines les plus perfectionnées et de profiter des inventions les plus récentes et les plus productives, puis à l'extrême modicité de la main-d'œuvre et du combustible, à la modicité aussi des frais de transport et à l'absence de grèves parmi les ouvriers. Déjà maintenant, d'importants articles japonais se vendent à Singapore à la moitié du prix des articles anglais similaires. Tel est le cas pour les soieries, les parapluies et les parasols, les allumettes, divers articles de lingerie, les horloges, les glaces et miroirs, le papier à écrire et à imprimer, le fil d'archal, le savon, la bière, les eaux minérales, les cotonnades, la bonneterie, les lampes à pétrole, le charbon, etc. Le charbon japonais revient, à Singapore, à 13 shillings la tonne, le charbon anglais à 20 shillings.

L'année dernière, 67 filatures de coton du Lancashire ont travaillé avec un déficit de 8,220.000 marks, tandis que 21 filatures de coton du district d'Osaka, Hiogo, distribuaient en moyenne, en 1891, des dividendes de 17 p. 100. En 1893, le Japon comptait 345,470 broches ; le poids du fil fabriqué dans le premier semestre de 1893 était de 43,853,475 livres, celui du coton ouvré de 52,196,458 livres. Le nombre des ouvriers employés dans les filatures était de 5,780 hommes et 19,219 femmes, gagnant, les premiers, 33 pfennigs par jour ; les secondes, 17 pfennigs. L'industrie sucrière et l'industrie des fers étaient dans des conditions tout aussi favorables.

Les mines de charbon au Japon. — Voici, d'après un rapport du consul de France à Yokohama, les chiffres du rendement des diverses mines de charbon depuis 1888 :

1888	2,022,968	tonnes.
1889	2,388,614	—
1890	2,608,281	—
1891	3,037,288	—
1892	3,175,680	—

La production, comme on voit, va en augmentant et cette augmentation est constante.

La consommation se répartit de la manière suivante :

Consommation intérieure.

	BAT. A VAP.	LOCOMOTIVES.	INDUSTRIE.	SALINES.	TOTAL.
	Tonnes.	Tonnes.	Tonnes.	Tonnes.	
1886 . . .	237,130	18,350	146,569	455,794	857,848
1887 . . .	251,982	19,768	163,804	394,939	930,493
1888 . . .	288,998	26,918	286,009	383,779	1,085,704
1889 . . .	392,943	44,023	367,451	358,872	1,163,289
1890 . . .	460,641	68,825	424,090	476,698	1,430,252
1891 . . .	518,137	98,595	512,218	454,353	1,583,803

Ce tableau démontre que la production et la consommation ont augmenté respectivement depuis 1888, et qu'en moyenne, l'offre a excédé la demande, dans le même laps de temps.

Quel est l'avenir du charbon japonais en ce qui touche l'exportation ? Considérable, on peut l'affirmer. Il est question en ce moment de lui ouvrir un nouveau débouché, l'Inde ; lorsque le chemin de fer sibérien sera terminé, il faudra un stock considérable pour faire face à la consommation des locomotives en Sibérie, et des navires qui circuleront entre le Japon et Vladivostock. Quant à la consommation locale, tout fait prévoir qu'elle augmentera ; le développement des lignes ferrées, de la flotte marchande et de la marine de guerre ; la création de nouvelles usines, de forges, de métallurgies, d'aciéries ; la création d'industries chimiques, de verreries ; la diminution constante du charbon de bois qu'il faudra forcément remplacer par la houille. La quantité de charbon de terre, qui sera nécessaire pour satisfaire à tous ces besoins, nouveaux ou anciens, de plus en plus pressants, se calculera par un chiffre énorme et le moment n'est certainement pas loin où la consommation atteindra 3 millions de tonnes annuellement. Rien que les forges et établissements métallurgiques absorberont, selon toutes prévisions, 1 million de tonnes par an.

Les progrès économiques du Japon et nos colonies indo-chinoises. — Au point de vue purement agricole, lisons-nous également dans le rapport consulaire français, nous n'avons rien à apprendre aux Japonais. Ils ont tiré de leur sol fertile un excellent parti. Exception faite pour l'île de Yéso où la plupart de nos cultures et notamment l'élevage en grand du bétail pourraient être pratiqués et dont une répugnance peu explicable les écarte, on peut dire qu'ils ont transformé leur territoire en véritables jardins bien entretenus et d'un aussi riant aspect que les plaines de la Beauce où les environs de Paris. Au point de vue commercial, il ne semble pas que notre trafic actuel doive souffrir d'une manière sensible du développement extraordinaire de l'industrie manufacturière de ce pays. Notre exportation annuelle, qui comprend surtout les soies, restera à peu près au même chiffre (environ 20,000,000 p.) [en fr. 60.000,000], Lyon étant, avec les États-Unis, le grand acheteur de la production soyeuse du Japon. Notre importation ne variera pas beaucoup : elle se compose pour les 2/3 (environ 4.300,000 p.) [en fr. 13,000,000 environ], des mousselines de laine que les Japonais ne seront pas, d'ici à quelques années, en mesure de fabriquer.

Mais pour nous qui, somme toute, n'avons pas ici des intérêts commerciaux très considérables, la vraie question est ailleurs. C'est du côté des marchés asiatiques que se tournent nos regards et c'est là précisément que commencent à se produire les effets des changements dont, sous l'impulsion de l'étranger, cet empire a bénéficié. Il n'est pas une place d'Extrême-Orient que n'envahiront les articles fabriqués au Japon, en imitation des produits européens. Certains d'entre eux sont encore de qualité inférieure : le plus grand nombre, grâce au machinisme moderne, égalent les nôtres. Les uns et les autres sont d'un bon marché que le prix élevé de notre main-d'œuvre ne nous permettra jamais d'atteindre. D'autre part, les marques de fabrique ne jouissent au Japon d'aucune protection : les indigènes, comme on le sait, n'ont pas d'autre peine que de copier et d'utiliser nos procédés, mais ils n'en conviennent pas toujours ; leur amour-propre s'offusque de s'entendre traiter d'imitateurs : aussi modifient-ils nos machines dans un détail insignifiant et, la conscience parfaitement tranquille, ils prennent un brevet d'invention. Enfin la dépréciation extérieure de la monnaie d'argent donne aux Japonais et aux Asiatiques en général, pour qui elle conserve toute sa valeur, un avantage immense : leur production, leur exportation se trouvent, de ce fait, extraordinairement favorisées, tandis que la hausse de l'or est un obstacle de jour en jour plus sérieux à l'importation de nos produits. Par ces motifs, la concurrence étrangère aura de grosses difficultés à surmonter, nous ne dirons pas pour se maintenir, mais pour ne pas être annihilée.

Dans un ordre d'idées plus spécial, ce mouvement économique doit solliciter vivement nos préoccupations. L'Indo-Chine française est plus vaste que le Japon : sans être aussi riche, elle contient des ressources agricoles et industrielles de même nature. Par un manque d'initiative et d'ingéniosité spontanée qu'il faut attribuer à l'éducation chinoise, qui a laissé des traces si profondes dans ces régions, les Annamites n'ont pas su exploiter, autant et comme il le faudrait, les richesses de leur territoire. Bien que dominés par une sorte de conservatisme étroit et routinier, ils sont cependant, et au même degré que les Chinois, intelligents et laborieux, ils sont plus doux, plus dociles et de beaucoup plus sympathiques. Or, en considérant d'où sont partis les Japonais, ce qu'ils ont fait, où ils ont abouti, on ne distingue pas la raison qui ferait échouer les Annamites où ils ont réussi.

Les Japonais — leur histoire le prouve — n'ont rien inventé. Ils se révèlent, plus on les examine, comme une race de conquérants apportant avec eux des qualités d'expansion irrésistible et d'étonnante assimilation. Aussi prompts à comprendre qu'à prendre, s'adaptant admirablement aux milieux dans lesquels le hasard ou leur volonté les conduit, si bien même qu'ils ont fini, n'étant à l'origine que des copistes, par imprimer aux diverses manifestations de leur activité un cachet très particulier d'originalité. Leur patrimoine est en grande partie formée de plagiats, mais si intelligemment consommés et qu'ils ont fait fructifier avec tant d'art qu'il ne viendra à personne l'idée de leur en contester la propriété, pas plus que le droit de s'emparer de leur bien partout où ils le trouvent. C'est ainsi qu'ils ont procédé pour leur langue, leur littérature, leur industrie, leur religion même, avec les Coréens et les Chinois. Qui songerait cependant, en les comparant à leurs initiateurs, à les mettre au second rang? Tels qu'ils nous apparaissent en ce moment, ils sont à la tête des populations de race jaune, non pas seulement de par la fortune changeante des armes, mais surtout par leurs facultés multiples, leur travail opiniâtre, leur ténacité, que nulle difficulté n'a pu décourager. Ils méritent que, pour bien des points, nous les citions en exemple à nos sujets annamites.

Les produits de l'Indo-Chine qui pourraient rivaliser avec ceux du Japon sont la soie, le thé, la ramie, le chanvre de lin (jute), graines oléagineuses, etc., etc. Il suffirait aux Indo-Chinois de perfectionner leurs méthodes de culture et de préparation pour occuper bien vite un rang honorable sur l'échelle commerciale au bas de laquelle ils stationnent depuis si longtemps. Quant aux arts industriels qui ont donné aux Japonais une réputation universelle, il n'est pas douteux qu'ils prendraient, au Tonkin principalement, un très rapide essor. Nous n'en voulons pour preuve convaincante que ces travaux d'incrustation de nacre sur bois, élégants, délicats et fins, si appréciés en Europe, œuvres de simples ouvriers pourvus d'un outillage rudimentaire et auxquels on ne peut guère reprocher qu'une trop grande monotonie de dessins. Il est à souhaiter que leur goût s'affine encore et que leur talent assoupli, plus alerte, ne tarde pas à acquérir cette fantaisie, cette variété que possèdent les Japonais, ces maîtres de l'art décoratif. Et ce n'est pas dans ce genre seul qu'il serait possible, à peu de frais, de déterminer un progrès décisif : laques, bronzes, cuivres ciselés, sculptures sur bois, émaux, cloisonnés, travaux d'ornementation de toutes sortes, broderies, porcelaines, poteries, etc., etc., et, dans un autre ordre d'occupations moins élevées, mais d'une plus grande importance pratique, les ouvrages d'ébénisterie, de menuiserie, etc., tout cela peut être produit par le Tonkin, dans les mêmes conditions qu'au Japon.

Le commerce chinois et la démonétisation de l'argent. — Les systèmes monétaires de l'Europe et de l'Asie reposent chacun aujourd'hui sur une base unique et différente ; l'argent a toujours été l'étalon unique de l'Orient, et l'or a conquis la même position, depuis quelques années, dans tous les États européens ainsi qu'aux États-Unis. Il en est résulté, écrit M. Dubail, consul général, un trouble profond dans les relations économiques de ces deux parties du monde comme dans le rapport de valeur du numéraire qui leur sert de véhicule, et un manque complet d'équilibre et de stabilité dans la balance des échauges. Sans examiner les causes de cette démonétisation de l'argent, notre agent en constate, pour la Chine, les résultats : diminution des importations, augmentation des exportations portant à la fois sur les matières premières et sur les produits manufacturés, création de nouvelles industries, développement considérable des relations commerciales avec le Japon, pays où l'étalon d'argent reste conservé. Les ressources de la Chine sont immenses et beaucoup restent encore inexploitées, elle possède d'autre part des capitaux considérables, des négociants du sens commercial le plus aiguisé, et enfin une population innombrable qui peut lui fournir à bas prix la main-d'œuvre la plus habile. Il est à craindre que le relèvement des prix, conséquence de la démonétisation de l'argent, ne force les Chinois à se procurer eux-mêmes les produits que l'Europe leur fait payer trop cher, et que celle-ci n'ait imposé à la Chine de nouveaux besoins que pour se créer à elle-même une concurrence dont on ne saurait ni mesurer le développement, ni exagérer le péril.

L'électricité en Chine. — Un industriel de Péking vient de faire de grands efforts pour obtenir l'entreprise de l'éclairage à l'électricité du palais impérial : il a installé dans son magasin une petite fontaine lumineuse qui a excité autant d'étonnement que d'admiration chez les hauts fonctionnaires qu'il avait invités à venir la voir, et, sans les récents événements, il est probable qu'il aurait obtenu la commande qu'il sollicitait. De là à voir les rues des villes chinoises éclairées à l'électricité, il y a encore très loin ; pour le moment, elles ne le sont pas du tout ou si peu que cela ne vaut pas la peine d'en parler ; mais il est souvent plus facile de passer du système le plus primitif au plus perfectionné que d'améliorer un système moins bon déjà existant, dont l'installation représente un capital considérable que l'on risque ainsi de perdre.

Et cependant, ajoutent les rapports belges après avoir signalé cette initiative, la force motrice ne manque pas. Il existe dans toute la Chine, et souvent à proximité des villes, de nombreuses chutes d'eaux qui pourraient être utilisées. Jusqu'à présent, d'ailleurs, l'électricité est peu employée en Chine ; parmi les colonies européennes, on ne cite que la concession anglaise de Shanghaï qui soit éclairée à l'électricité. La manufacture de coton du vice-roi à Shanghaï l'est également, mais tout le matériel vient d'Angleterre.

L'électricité peut être employée à mille usages, et un journal de Canton, rédigé en chinois, le *Chung Hua Pao*, célébrait dernièrement dans un article de fond les avantages de cette nouvelle puissance. Cela ne veut pas dire qu'on aille se mettre à en faire immédiatement un usage général en Chine, mais il est certain qu'ici, comme partout ailleurs, on commence à reconnaître ses avantages et que les étrangers intéressés dans la question feront bien de ne pas perdre de vue ce pays, où, dans un avenir peut-être moins lointain qu'on ne le croit, ils pourront trouver un nouveau et sérieux débouché.

La consommation des vins et des eaux minérales en Chine. — Le Chinois du peuple et même des classes élevées, écrit le ministre de Belgique en Chine, ne boit que de l'eau, du thé et une espèce de boisson fermentée faite avec du riz et appelée « samchou », qui ressemble assez à du sherry de qualité inférieure et que l'on boit chaude, quoique certains Chinois des classes élevées ne dédaignent pas le champagne. Le commerce des vins et liqueurs n'intéresse donc que les colonies européennes, car le démon de l'alcool n'a pas encore pénétré dans les classes laborieuses et l'ivrognerie est un vice encore à peu près inconnu en Chine. La consommation du vin et des boissons alcooliques est probablement plus considérable proportionnellement dans les colonies européennes en Chine qu'elle ne l'est en Europe dans la même classe ; mais le vieux et honnête cognac, là comme aux Indes, a depuis longtemps été détrôné par le whisky qui, en lui-même, lorsqu'il est pur et pris en quantité modérée et additionné d'une eau minérale quelconque, est une boisson plutôt hygiénique. Malheureusement, beaucoup de ces liqueurs vendues sur le marché chinois sous le nom de whisky sont de grossières contrefaçons et constituent de véritables poisons, comme on a pu le constater par une analyse qui a été publiée dernièrement par le *N. C. Daily News*. Il en est même parfois ainsi du vin de Bordeaux rouge (claret). Il est évident qu'il est difficile de vendre, sur le marché chinois, du vrai cognac et même du vrai whisky à 60 cens (1 fr. 50 c.) la bouteille, verre, bouchon et transport compris. Le whisky généralement employé se vend au détail à 1,25 dollar la bouteille (un peu plus de 3 fr. 25 c.).

L'eau minérale joue un grand rôle en Chine, où l'eau naturelle n'est généralement pas potable à cause de la mauvaise canalisation et des dépôts calcaires qu'elle contient. On trouve cependant en Chine de nombreuses sources d'eau parfaitement pure que l'on n'utilise guère à cause des difficultés du transport. Mais il y aurait certainement, à la longue, une source de sérieux bénéfices pour une compagnie qui voudrait venir créer une exploitation de ce genre dans ce pays. Il y a quelques années, on ne connaissait guère que les eaux de Saint-Galmier et de Vichy (françaises), et l'Apollinaris (allemande), mais ces eaux reviennent très cher, surtout depuis la baisse du dollar. On les vend 3, 4 et même 4,50 dollars la douzaine. Aussi a-t-on cherché à les remplacer par des eaux moins chères et même par des eaux fabriquées, comme « l'Aquarino », par exemple, qui est fabriquée à Shanghaï même et qui se vend à 1,75 dollar la douzaine. Cette boisson est parfaitement inoffensive, mais ne constitue pas une eau minérale, ce qui est un grave défaut aux yeux de beaucoup de consommateurs. Il existe, en Belgique, une société anonyme des eaux minérales de Spontin (Natoye), qui fournit une eau excellente semblable à l'Apollinaris. C'est une question de prix qui déciderait du succès de la concurrence aux eaux déjà connues à Shanghaï.

BIBLIOGRAPHIE

Lois sociales, par Joseph **Chailley-Bert** et Arthur **Fontaine.** — Paris, 1895, Léon Chailley ; 8, rue Saint-Joseph. Gr. in-8°, 407 pages : 9 fr.

Ce recueil de textes met aux mains de toutes les personnes qui s'occupent des questions sociales les lois et règlements à consulter. Adoptant une classification méthodique, les auteurs ont groupé la législation sous les rubriques suivantes : le travail d'industrie, l'association, l'hygiène et la sécurité ; la prévoyance ; la propriété et l'intérêt collectif ; la protection et l'assistance ; l'étude des conditions du travail. On pourrait discuter cette distribution, mais une bonne table analytique met tout le monde d'accord en facilitant l'accès des textes désirés. Il faut remercier les auteurs du travail ingrat et délicat qu'ils ont mené à bien et qui épargnera maintes longues recherches à tous ceux qui étudient ou appliquent nos lois ouvrières.

G. E.

Manuel d'économie sociale, par Jules **Michel**, ingénieur en chef. — Tours, 1895, Mame et fils. In-12, 315 pages.

Ce manuel contient sous une forme familière les notions fondamentales de l'économie politique et de la science sociale. Destiné à la jeunesse des écoles primaires supérieures ou des écoles professionnelles, il comprend quatorze leçons qui traitent de la monnaie, du travail, de l'épargne et du capital, des profits du travail, de la propriété foncière, des machines, du libre-échange, de l'État, du socialisme, des assurances. Des questionnaires résument chaque chapitre de ce livre, qui est un des meilleurs manuels d'éducation sociale populaire.

M. D.

L'Organisation de la liberté et le devoir social, par Adolphe **Prins**, inspecteur général au ministère de la justice, professeur à l'université de Bruxelles. — Bruxelles, 1895, Librairie européenne, C. Muquardt, Th. Falk et Cie, 18, rue des Paroissiens. In-8o. 257 pages.

Ce livre est de ceux qui défient l'analyse. Il faut le lire, et des idées fortes et saines dont il est rempli, le lecteur tirera peut-être des conclusions plus nettes et plus fermes que celles auxquelles l'auteur semble s'être arrêté lui-même. Il dénonce les excès de l'esprit d'individualisme qui, sous le couvert de la liberté, semble avoir envahi le monde moderne. Il en recherche les origines et les découvre dans l'action du droit romain, la théorie du contrat social et les systèmes économiques. Il lui oppose, comme remède, la conciliation des deux principes de liberté et d'autorité, fondée sur la décentralisation, et ce qu'il appelle le groupement organique, c'est-à-dire l'esprit d'association, encouragé, sur le terrain légal et économique, par la vie juridique concédée aux associations de droit privé et, dans le domaine politique, par la représentation publique des intérêts. Le relèvement de la culture intellectuelle et celui de la culture morale lui apparaissent cependant comme deux conditions nécessaires. Ils doivent développer dans l'homme les penchants désintéressés. Mais comment, si l'homme n'a d'autre mobile que l'intérêt même ?

S. de S.

Étude sur la protection du travail industriel, par Blaise et Salmin, ingénieurs des arts et manufactures. — Rouen, 1894, imprimerie Cagniard, 88, rue Jeanne-d'Arc. In-8o, 42 pages.

Dans cette communication faite au congrès de l'Association française pour l'avancement des sciences en 1891, les auteurs étudient, en praticiens, les transformations du travail industriel, la situation des ouvriers et les diverses lois qui ont pour objet de réglementer l'hygiène et le travail dans l'industrie.

G. E.

Les Œuvres patronales de prévoyance, par E. **Cahuzat**, ancien magistrat. — Bordeaux, 1891, Vve Cadoret. In-4o, 105 pages : 2 fr.

Cet ouvrage est consacré à l'examen du projet de loi déposé par le Gouvernement le 6 juin 1891 sur la création d'une caisse nationale des retraites ouvrières. Dans une première partie sont exposées les critiques formulées contre ce projet dont le grave défaut, au point de vue financier, serait de grever considérablement le budget des dépenses. Est-ce à dire que l'État doit se désintéresser de cette grave question ? L'auteur ne le croit pas. Les ressources nécessaires pour l'institution des retraites ouvrières, l'État pourrait les trouver dans le projet de loi sur les rectifications des alcools, par le prélèvement de la dîme des pauvres sur les biens successoraux.

V. D.

Retraites organisées par les compagnies houillères au profit des ouvriers mineurs. — Les conseils d'usine, patronage et socialisme, par **Gibon**, ingénieur des arts et manufactures. — Paris, 1895, Guillaumin, 14, rue Richelieu. In-4o, 36-42 pages : 2 fr.

L'étude sur les retraites comprend deux parties : dans la première, l'auteur traite de tout ce qui a été fait par les compagnies houillères du Nord, du Pas-de-Calais, de la Loire, du Creusot, etc. ; dans la seconde, l'auteur donne son sentiment personnel sur la loi du 29 juin 1891 relative aux caisses de secours et de retraites des ouvriers mineurs. Il estime que l'État, en assurant les retraites ouvrières, assume une charge trop lourde ; son rôle doit consister seulement à encourager la création de compagnies d'assurances mutuelles, si nombreuses en Angleterre et en Amérique.

Nos grands industriels n'ont pas encore accepté ces conseils permanents de conciliation et d'arbitrage fondés en Angleterre par l'initiative de M. Mundella dès 1860, et en Belgique par les sociétés de Mariemont et de Bascoup. Nos chambres ont cependant voté la loi du 27 décembre 1892 sur la conciliation et l'arbitrage, mais l'action de cette loi est nulle, et, en fait, les grèves et les coalitions sont réglées par la loi de 1864. M. Gibon, dans ce second opuscule, convaincu qu'il est nécessaire, dans l'intérêt de notre industrie, d'établir la paix dans les ateliers, préconise la création de conseils d'usine, dont l'idée première revient à M. le comte de Chambrun, qui montre tant de sollicitude pour tout ce qui touche au relèvement moral et matériel des ouvriers, non seulement dans ses études sociologiques, mais encore par ses largesses aux sociétés d'économie sociale, d'études pour la participation aux bénéfices, des habitations à bon marché, du crédit populaire, etc.

V. D.

Nancy, impr. Berger-Levrault et Cie.

CODE ANNOTÉ

DU COMMERCE ET DE L'INDUSTRIE

LOIS, DÉCRETS, RÈGLEMENTS RELATIFS AU COMMERCE ET A L'INDUSTRIE

Avec un commentaire tiré des circulaires ministérielles,
de la jurisprudence du Conseil d'État et de la Cour de cassation

PAR

Georges PAULET

CHEF DE BUREAU AU MINISTÈRE DU COMMERCE

Grand in-8° de 960 pages. — Prix : broché, **15 fr.** — Relié en demi-maroquin, **18 fr.**